AF611488

CONFERENCE
DE
MONSIEUR LE BRUN
PREMIER
PEINTRE DU ROY
DE FRANCE,
CHANCELIER ET DIRECTEUR
DE L'ACADEMIE
DE PEINTURE ET SCULPTURE.

Sur l'Expreßion generale & particuliere.

Enrichie de Figures gravées par B. Picart.

A AMSTERDAM,
Chez J. L. DE LORME, ſur le Rokin.
ET A PARIS,
Chez E. PICART le Rom. ruë S. Jacques, au Buſte de Monſeigneur.

M. DC. XCVIII.

ERRATA.

Page 13. ligne 12. ſe formeront, *liſez* & former.

17 ——— 6. le vouloir, *liſez* ſe vouloir.

17 ——— 12. par les eſprits qui viennent, *liſez* que les eſprits viennent.

23 ——— 9. quelque choſe, *liſez* peu de choſe.

28 ——— 2. la lévre de deſſus excede celle de deſſous, *liſez* la lévre de deſſous excede celle de deſſus.

39 ——— 12 & preſſera celle de devant, *liſez* & ſe pouſſera en avant.

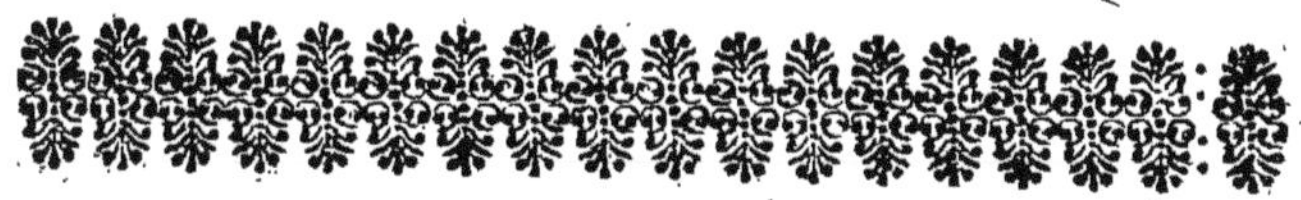

LE LIBRAIRE AU LECTEUR.

Comme la connoissance de l'homme suppose necessairement celle des Passions, qui sont le grand ressort des mouvemens du Cœur & de toutes nos actions, on s'est appliqué de tout tems à en étudier la nature & les effets. Les Philosophes en ont traitté pour apprendre à les soûmettre à la raison, & les Medecins pour remedier aux maladies qu'elles causent, & qui alterent la constitution du Corps humain: mais personne ne s'étoit avisé ci-devant d'en faire une étude particulierer par raport à la Peinture, qui doit exprimer tous ces mouvemens qui se manifestent au dehors. Monsieur Le Brun si connu par ses excellens Ouvrages, s'est proposé d'en faire un Traité par raport à son Art, qui n'étant composé que de simples traits, doit néanmoins exprimer la diversité de ces mouvemens. L'Auteur, aprés avoir expliqué en peu de mots les opinions des sçavans sur la nature & le siege des Passions, s'attache particulierement à décrire les differens effets qu'elles produisent sur les parties exterieures; ce qu'il démontre par un grand nombre de figures qu'il a dessinées lui-même, & qui expriment ce qu'il dit de chaque Passion en particulier.

Il auroit donné cet Ouvrage au public si la mort

ne

ne l'avoit prévenu ; cependant le public n'en a pas été entierement privé, puis que divers particuliers l'ont en Manuſcrit ; mais comme il s'y eſt gliſſé quantité de fautes, & que ceux qui ont le Diſcours, n'ont pas les figures, qui ſont en partie dans le Cabinet du Roy, & en partie diſperſées en divers lieux, on a crû que ceux qui aiment la Peinture, & qui connoiſſent le prix des Ouvrages d'un ſi excellent homme, recevroient favorablement le Récueil qu'on leur donne aujourd'hui. Ils peuvent s'aſſurer que toutes les planches ont été gravées ſur les Originaux de Mr. Le Brun, ou ſur de trés belles Copies ; & par cette raiſon on a mieux aimé en laiſſer pluſieurs peu terminées, que d'y ajoûter quelque choſe qui ne fût pas de lui.

Au reſte il eſt à propos de faire remarquer, qu'on a donné pluſieurs traits differens d'un même caractere de Paſſion, comme du Mépris, de la Frayeur, du Ris &c, afin de répreſenter ſous divers aſpects les mêmes mouvemens. Il y en a auſſi d'autres qui ſont compoſez de pluſieurs paſſions comme l'étonnement avec frayeur, la colere mêlée de crainte &c. Ces ſortes de figures ſont ſans diſcours particulier, & ſervent ſimplement d'exemple pour faire voir de quelle maniere ces paſſions ſe mêlent enſemble & ſe doivent exprimer.

*Mr. Le Brun a fait auſſi un Traité de la Phi*ſionomie ; *mais comme il ne m'eſt pas encore parvenu dans une aſſez grande perfection je me contenterai d'en donner le Diſcours en abregé, en attendant que je puiſſe le produire tel qu'il a été prononcé dans l'Academie, & accompagné de figures. Ce petit Echantillon ne laiſſera pas d'eſtre utile à pluſieurs ; Il ſera juger au moins de la piece entiere, & ſauhaiter de l'avoir plus complete.*

CONFERENCE
TENUE
EN L'ACADEMIE ROYALE
DE
PEINTURE ET SCULPTURE

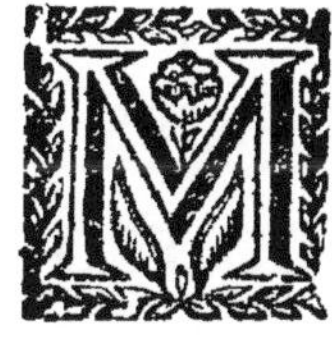

MESSIEURS,

Dans l'Assemblée derniere vous approuvâtes le dessein que je pris de vous entretenir de l'Expreſſion. Il eſt donc neceſſaire avant toutes choſes de ſçavoir en quoi elle conſiſte.

L'Expreſſion, à mon avis, eſt une naïve & naturelle reſſemblance des choſes que l'on a à repreſenter : Elle eſt neceſſaire & entre dans toutes les parties de la Peinture, & un Tableau ne ſçauroit être parfait ſans l'Expreſſion ; c'eſt elle qui marque les veritables caracteres de chaque choſe ; c'eſt par elle que l'on diſtingue la nature des corps ; que des figures ſemblent avoir du mouvement, & tout ce qui eſt feint paroît être vrai.

Elle eſt auſſi bien dans la couleur que dans le deſſein ;

elle doit encore être dans la repreſentation des païſages, & dans l'aſſemblage des figures.

C'eſt, MESSIEURS, ce que j'ai tâché de vous faire remarquer dans les Conferences paſſées ; aujourd'hui j'eſſaierai de vous faire voir que l'Expreſſion eſt auſſi une partie qui marque les mouvemens de l'Ame, ce qui rend viſible les effets de la paſſion.

Il y a tant de perſonnes ſçavantes qui ont traité des paſſions, que l'on n'en peut dire que ce qu'ils en ont déja écrit : Auſſi je ne rapporterois pas leur opinion ſur cette matiere, n'étoit que pour mieux faire comprendre ce qui concerne nôtre Art, il me ſemble qu'il eſt neceſſaire d'en toucher quelque choſe en faveur des jeunes Etudiâns en Peinture; ce que je tâcherai de faire voir le plus briévement que je pourrai.

Premierement, la paſſion eſt un mouvement de l'Ame, qui reſide en la partie ſenſitive, lequel ſe fait pour ſuivre ce que l'Ame penſe lui être bon, ou pour fuir ce qu'elle penſe lui être mauvais; & d'ordinaire tout ce qui cauſe à l'Ame de la paſſion, fait faire au corps quelque action.

Comme il eſt donc vrai que la plus grande partie des paſſions de l'Ame produiſent des actions corporelles, il est necessaire que nous sçachions quelles sont les actions du corps qui expriment les passions, & ce que c'est qu'action.

L'action n'est autre chose que le mouvement de quelque partie, & le changement ne se fait que par le changement des muscles, les muscles n'ont de mouvement que par l'extremité des nerfs qui passent au travers, les nerfs n'agissent que par les esprits qui sont contenus par les cavités du cerveau, & le cerveau ne reçoit les esprits que du sang, qui passe continuellement par le cœur, qui l'échaufe & le rarefie de telle sorte qu'il produit un certain air ſubtil qui ſe porte au cerveau, & qui le remplit.

Le cerveau ainſi rempli renvoie de ces eſprits aux autres parties par les nerfs qui ſont comme autant de petits filets ou tuiaux qui portent ces eſprits dans les muſcles, plus ou moins, ſelon qu'ils en ont beſoin pour faire l'action à laquelle ils ſont appellés.

Ainſi celui qui agit le plus, reçoit le plus d'eſprits, & par conſequent devient plus enflé que les autres qui en ſont privés, & qui par cette privation paroiſſent plus lâches & plus retirés que les autres.

Quoique l'Ame ſoit jointe à toutes les parties du corps,

il y a neanmoins diverſes opinions touchant le lieu où elle exerce plus particulierement ſes fonctions.

Les uns tiennent que c'eſt une petite glande qui eſt au milieu du cerveau, parce que cette partie eſt unique, & que toutes les autres ſont doubles ; & comme nous avons deux yeux & deux oreilles, & que tous les organes de nos ſens exterieurs ſont doubles, il faut qu'il y ait quelque lieu où les deux images qui viennent par les deux yeux, ou les deux impreſſions qui viennent d'un ſeul objet par les deux organes des autres ſens, ſe puiſſent aſſembler en une avant qu'elle parvienne à l'Ame, afin qu'elle ne lui represente pas deux objets au lieu d'un.

D'autres disent que c'est au cœur, parce que c'est en cette partie que l'on ressent les passions ; & pour moi, c'est mon opinion que l'Ame reçoit les impressions des passions dans le cerveau, & qu'elle en ressent les effets au cœur. Les mouvemens exterieurs que j'ai remarquez, me confirment beaucoup dans cette opinion.

Les anciens Philosophes aiant donné deux appetits à la partie sensitive de l'Ame, dans l'appetit concupiscible logent les passions simples, & dans l'appetit irascible les plus farouches, & celles qui ſont composées; car ils veulent que l'amour, la haine, le deſir, la joie & la triſteſſe ſoient enfermés dans le premier; & que la crainte, la hardieſſe, l'eſperance, le deſeſpoir, la colere & la peur reſident dans l'autre: D'autres ajoûtent l'admiration qu'ils mettent comme la premiere, enſuite l'amour, la haine, le deſir, la joie & la triſteſſe, & de celles-ci ſont dérivées les autres qui ſont composées, comme la crainte, la hardieſſe, l'eſperance.

Il ne ſera donc pas hors de propos de dire quelque choſe de la nature de ces paſſions pour les mieux connoître, avant que de parler de leurs mouvemens exterieurs. Nous commencerons par l'Admiration.

L'ADMIRATION est une ſurpriſe qui fait que l'Ame conſidere avec attention les objets qui lui ſemblent rares & extraordinaires, & cette ſurpriſe a tant de pouvoir qu'elle pouſſe quelquefois les eſprits vers le lieu où eſt l'impreſſion de l'objet, & fait qu'elle eſt tellement occupée à conſiderer cette impreſſion, qu'il ne reſte plus d'eſprits qui paſſent dans les muſcles ; ce qui fait que le corps devient immobile comme une ſtatuë, & cet excés d'admiration cauſe l'étonnement, & l'étonnement peut arriver avant que nous connoissions si cet objet nous est convenable, ou s'il ne l'est pas.

De sorte qu'il semble que l'Admiration est jointe à l'estime ou au mépris, selon la grandeur d'un objet, ou sa petitesse : & de l'estime vient la veneration, & du simple mépris le dédain.

Mais lorsqu'une chose nous est representée comme bonne à nôtre égard, cela nous fait avoir pour elle de l'amour ; & lorsqu'elle nous est representée comme mauvaise ou nuisible, cela nous excite la haine.

L'Amour est donc une

émotion de l'Ame causée par des mouvemens qui l'incitent à se joindre de volonté aux objets qui lui paroissent convenables.

La Haine est une émotion causée par les esprits qui incitent l'Ame à vouloir être separée des objets qui se presentent à elle comme nuisibles.

Le Desir est une agitation de l'Ame causée par les esprits qui la disposent à vouloir des choses qu'elle se represente lui être convenables ; ainsi on ne desire pas seulement la presence du bien absent, mais aussi la conservation du present.

La Joie est une agreable

émotion de l'Ame en laquelle consiste la joüissance qu'elle a du bien que les impressions du cerveau lui representent comme sien.

LA TRISTESSE est une langueur desagreable en laquelle consiste l'incommodité que l'Ame reçoit du mal ou du défaut que les impressions du cerveau lui representent.

Les Passions composées.

LA CRAINTE est l'apprehension du mal à venir, laquelle devance les maux dont nous sommes menacez.

L'ESPERANCE est une forte apparence ou opinion d'obtenir ce que l'on desire.

Lorſque l'eſperance eſt extrême, elle devient ſeureté ; mais au contraire l'extrême crainte devient deſeſpoir.

LE DESESPOIR eſt l'opinion de ne pouvoir obtenir ce que nous deſirons, & fait que nous perdons même ce que nous poſſedons.

LA HARDIESSE eſt un mouvement de l'appetit par lequel l'Ame s'éleve contre le mal, afin de le combattre.

LA COLERE eſt une agitation turbulente que la douleur & la hardieſſe excitent dans l'appetit, par laquelle l'Ame ſe retire en elle-même pour s'éloigner de l'injure receuë, & s'éleve en même temps contre la cauſe qui lui fait l'injure, afin de s'en vanger.

Il y en a pluſieurs autres que je ne nommerai ici, me contentant ſeulement de vous en faire voir quelque figure.

Mais auparavant nous dirons quels ſont les mouvemens du ſang & des eſprits, qui cauſent les paſſions ſimples.

On remarque que l'Admiration ne cauſe aucun changement dans le cœur, ni dans le ſang, ainſi que les autres paſſions, dont la raiſon eſt, que n'aiant pas le bien ni le mal pour objet, mais ſeulement de connoître la choſe qu'on admire, elle n'a point de rapport avec le cœur ni le ſang, deſquels dépendent tous les biens du corps.

L'Amour quand il eſt ſeul, c'eſt-à-dire quand il n'eſt point accompagné d'aucune forte joie, ni deſir ou triſteſſe, le battement du poulx eſt égal, & beaucoup plus grand & plus fort que de coûtume. On ſent une douce chaleur dans la poitrine, & la digeſtion des viandes ſe fait doucement dans l'eſtomach; en ſorte que cette paſſion eſt utile pour la ſanté.

On remarque au contraire dans la Haine, que le poulx eſt inégal & plus petit, & ſouvent plus vîte qu'à l'ordinaire: on ſent des chaleurs entremêlées de je ne ſçai quelles ardeurs âpres

âpres & piquantes dans la poitrine, & que l'estomach cesse de faire ses fonctions.

En la Joie, le poulx est égal & plus vîte qu'à l'ordinaire, mais il n'est pas si fort, ni si grand qu'en l'Amour ; & l'on sent une chaleur agreable, qui n'est pas seulement en la poitrine, mais qui se répand aussi dans toutes les parties exterieures du corps.

En la Tristesse, le poulx est foible & lent, & on sent comme des liens autour du cœur, qui le serrent, & des glaçons qui le gelent, & communiquent leur froideur au reste du corps.

Mais le Desir a cela de particulier, qu'il agite le cœur plus violemment qu'aucune autre paſſion, & fournit au cerveau plus d'eſprits, leſquels paſſent de-là dans les muſcles, & rendent tous les ſens plus aigus, & toutes les parties du corps mobiles.

J'ai parlé de ces mouvemens interieurs, pour mieux faire comprendre enſuite le rapport qu'ils ont avec les exterieurs: Je dirai maintenant quelles ſont les parties du corps qui ſervent à exprimer les paſſions au dehors.

Comme nous avons dit que l'Ame eſt jointe à toutes les parties du corps, & qu'elle peut ſervir à les exprimer: Car la Peur peut s'exprimer par un homme qui court, & qui s'enfuit.

La Colere par un homme qui ferme les poings, & qui ſemble frapper quelqu'un.

Mais s'il eſt vrai qu'il y ait une partie où l'Ame exerce plus immediatement ſes fonctions, & que cette partie ſoit celle du cerveau, nous pouvons dire de même que le viſage eſt la partie du corps où elle fait voir plus particulierement ce qu'elle reſſent.

Et comme nous avons dit que la glande qui eſt au milieu du cerveau, eſt le lieu où l'Ame reçoit les images des paſſions, le ſourcil eſt la partie de tout le viſage où les paſſions ſe font mieux connoître, quoique pluſieurs aient penſé que ce ſoit dans les yeux. Il eſt vrai que la prunelle par ſon feu & ſon mouvement fait bien voir l'agitation de l'Ame, mais elle ne fait pas connoître de quelle nature eſt cette agitation. La bouche & le nez ont beaucoup de part à l'expreſſion, mais pour l'ordinaire ces parties ne ſervent qu'à ſuivre les mouvemens du cœur, comme nous le marquerons dans la ſuite de cét entretien.

Et comme il a été dit que l'Ame a deux appetits dans la partie ſenſitive, & que de ces deux appetits naiſſent toutes les paſſions,

Il y a aussi deux mouvemens dans les sourcils qui expriment tous les mouvemens des passions.

Ces deux mouvemens que j'ai remarquez, ont un parfait rapport à ces deux appetits, car celui qui s'éleve en haut vers le cerveau, exprime toutes les passions les plus farouches & les plus cruelles : Mais je vous dirai encore qu'il y a quelque chose de plus particulier dans ces mouvemens, & qu'à proportion que ces passions changent de nature, le mouvement du sourcil change de forme;
1 A car pour exprimer une passion simple, le mouvement est sim-
2 B ple, & si elle est composée, le

mouvement eſt compoſé ; ſi la
3.C. paſſion eſt douce, le mouvement eſt doux, & ſi elle eſt ai-
D. gre, le mouvement l'eſt auſſi.

Mais il faut remarquer qu'il y a deux ſortes d'élevations de ſourcils.

4.E. Qu'il y en a une où le ſourcil s'éleve par ſon milieu, & cette élevation exprime des mouvemens agreables.

5.F. Il y a à obſerver que lorſque
6.G. le ſourcil s'éleve par ſon milieu, la bouche s'éleve par les
7.H. côtés, & à la triſteſſe elle s'éleve par le milieu.

8.I. Mais lorſque le ſourcil s'abaiſſe par le milieu, ce mouvement marque une douleur corporelle, & alors fait un con-

9.K. traire effet, car elle s'abaiſſe par les côtés.

10.L. Dans le Ris, toutes les parties ſe ſuivent, car les ſourcils qui s'abaiſſent vers le milieu du front, font que le nez, la bouche & les yeux ſuivent le même mouvement.

11.M. Dans le Pleurer, les mouvemens ſont composés & contraires, car le ſourcil s'abaiſſera du côté du nez & des yeux, & la bouche s'élevera de
12.N. ce côté-là. Il y a encore une obſervation à faire, qui eſt que
13.O. lorſque le cœur eſt abattu, toutes les parties du viſage le ſont auſſi.

14.P. Mais au contraire ſi le cœur reſſent quelque paſſion, ou s'il s'échauffe & ſe roidit, toutes les parties du viſage tiennent de ce mouvement, & particulierement la bouche; ce qui prouve, comme j'ay déja dit, que c'eſt la partie qui de tout le viſage marque plus particulierement les mouvemens du cœur. Car il eſt à obſerver que lorſqu'il ſe plaint, la bouche s'abaiſſe par les côtés; & quand il eſt content, les coins de la bouche s'élevent en haut; & quand il a de l'averſion, la bouche ſe pouſſe en avant, & s'éleve par le milieu. C'eſt, Messieurs, ce que nous obſerverons ſur ces ſimples traits que j'ai formés, pour vous faire concevoir ce que je dis.

L'ADMI-

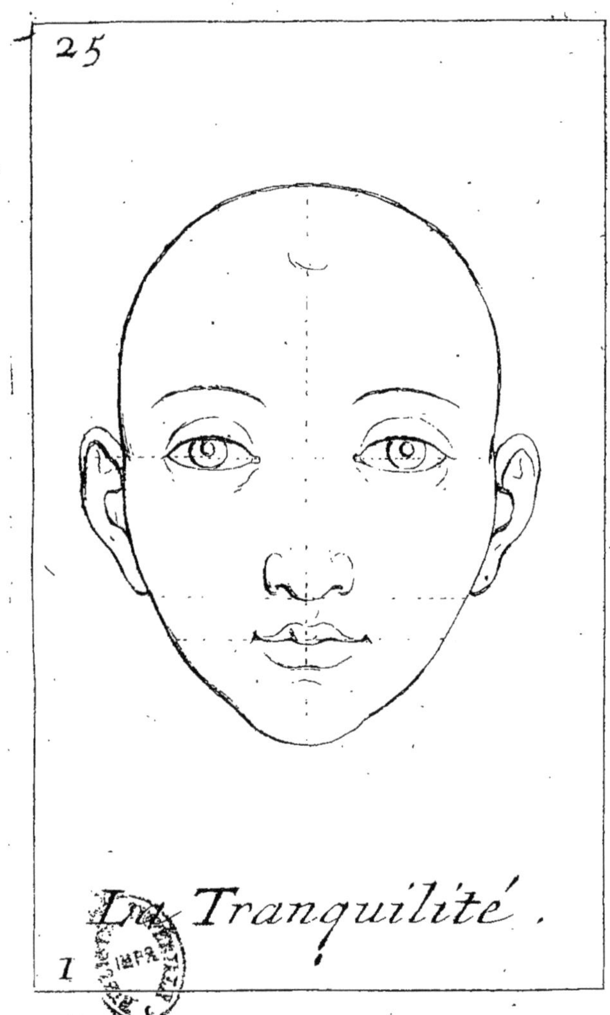

25

La Tranquilité.

1

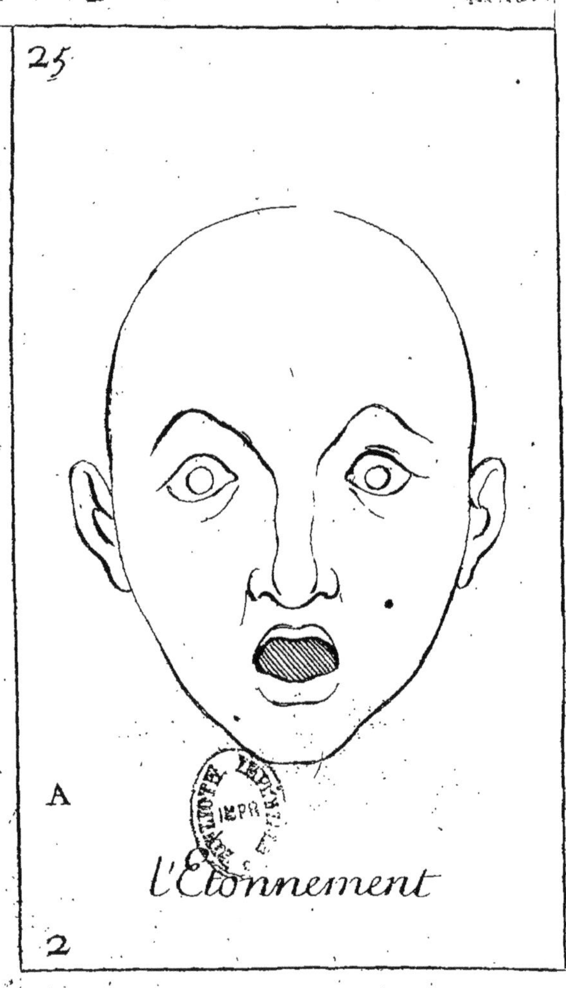

l'Etonnement

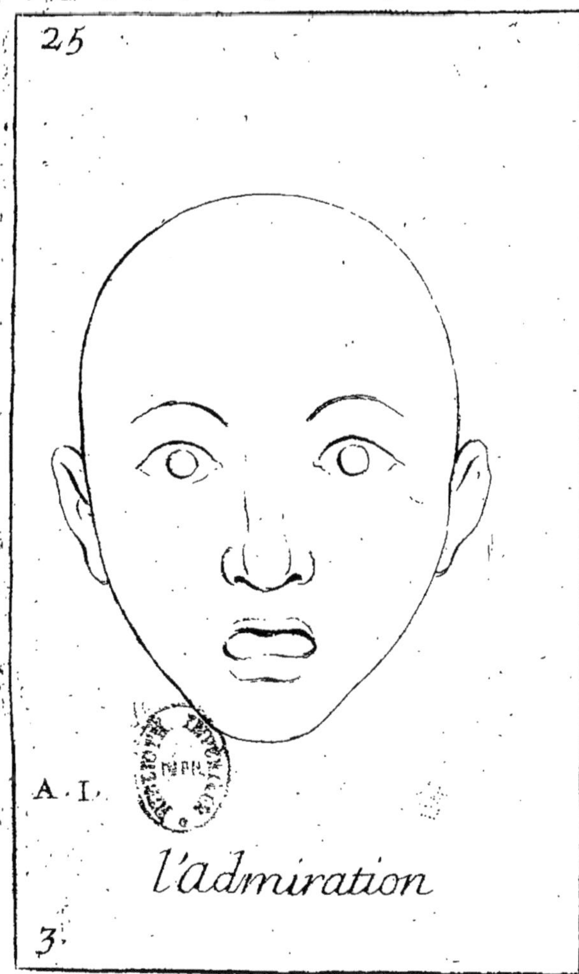
25
A. I.
l'admiration
3

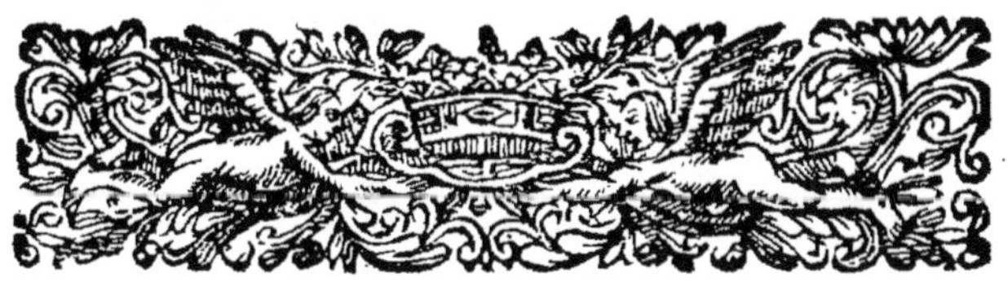

L'ADMIRATION.

COMME nous avons dit que l'Admiration est la premiere & la plus temperée de toutes les passions, & où le cœur sent moins d'agitation :

Le visage aussi reçoit fort peu de changement en toutes ses parties, & s'il y en a, il n'est que dans l'élevation du sourcil, mais il aura les deux côtés égaux, & l'œil sera un peu plus ouvert qu'à l'ordinaire, & la prunelle également entre les deux paupieres & sans mouvement, attachés ſur l'objet qui aura causé l'admiration. La bouche ſera auſſi entr'ouverte, mais elle paroîtra ſans aucune alteration, non plus que tout le reſte de toutes les autres parties du viſage. Cette paſſion ne produit qu'une ſuſpenſion de mouvement pour donner le temps à l'ame de déliberer ſur ce qu'elle a à faire, & pour conſiderer avec attention l'objet qui ſe preſente à elle; car s'il eſt rare & extraordinaire, du premier & ſimple mouvement d'admiration s'engendre l'eſtime.

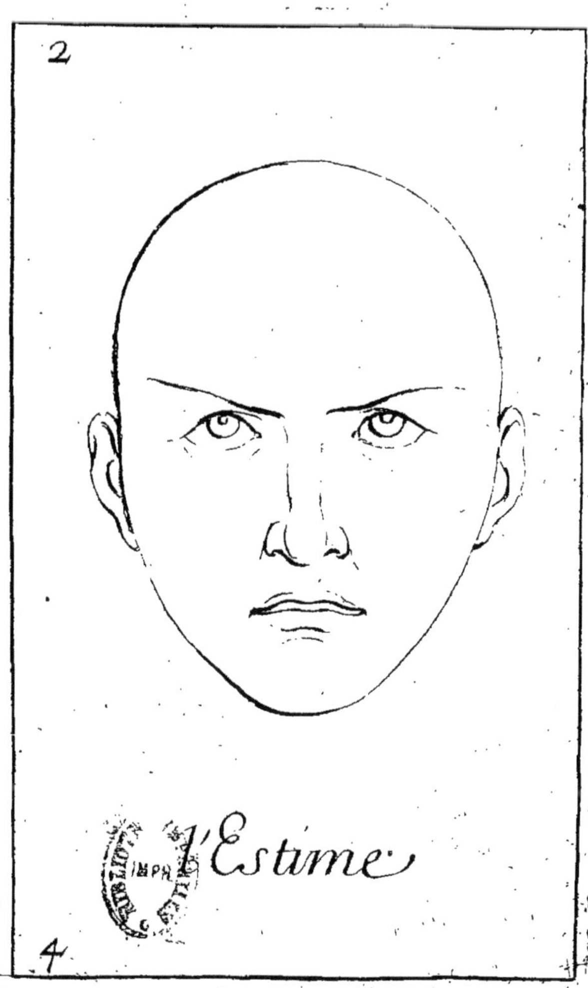

l'Estime

L'ESTIME.

ET l'Estime ne se peut representer que par l'attention & par le mouvement des parties du visage, qui semblent être attachées sur l'objet qui cause cette attention; car alors les sourcils paroîtront avancés sur les yeux, & pressés du côté du nez, l'autre partie étant un peu élevée, l'œil fort ouvert, & la prunelle élevée.

Les veines & muscles du front paroîtront un peu enflés, & celles qui sont autour des yeux, les narines tirant en bas, les jouës seront mediocrement enfoncées à l'endroit des machoires.

La bouche un peu entr'ouverte, les coins tirans en arriere, & pendans en bas.

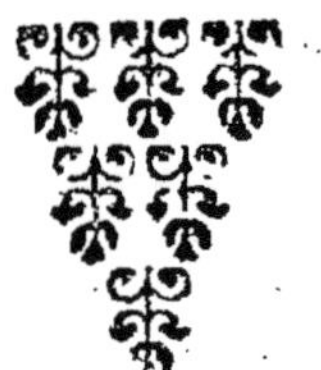

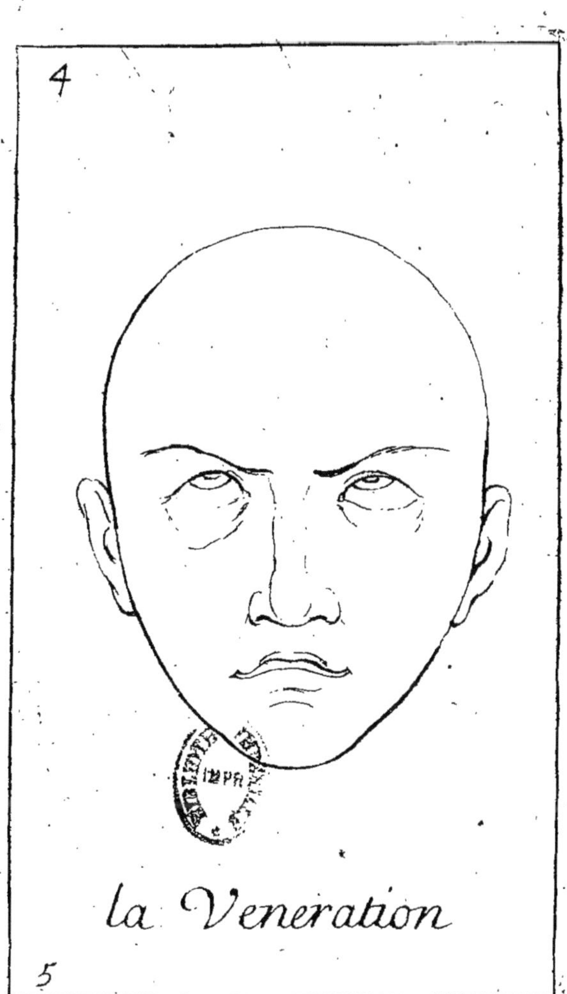

la Veneration

LA VENERATION.

MAis ſi de l'Eſtime s'engendre la Veneration, les ſourcils ſeront baiſſés en la même ſituation que nous venons de dire, & le viſage ſera auſſi incliné, mais les prunelles paroîtront plus élevées ſous le ſourcil, la bouche ſera entr'ouverte & les coins retirés, mais un peu plus tirés en bas que dans la precedente action. Cet abaiſſement des ſourcils & de la bouche marque la ſoûmiſſion & le reſpect que l'ame a pour un objet qu'elle croit au deſſus d'elle ; la prunelle élevée semble marquer l'élevation à l'objet qu'elle considere, & qu'elle connoît être digne de veneration.

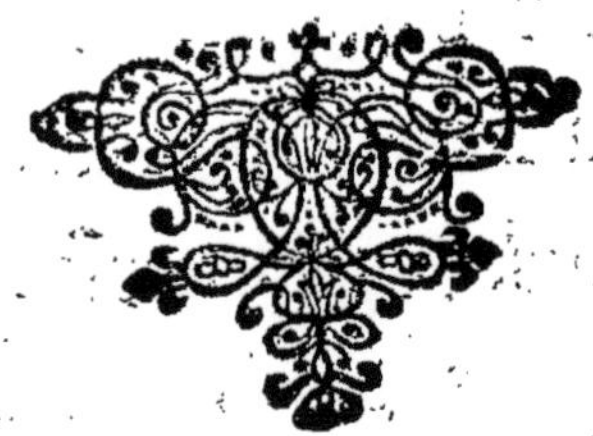

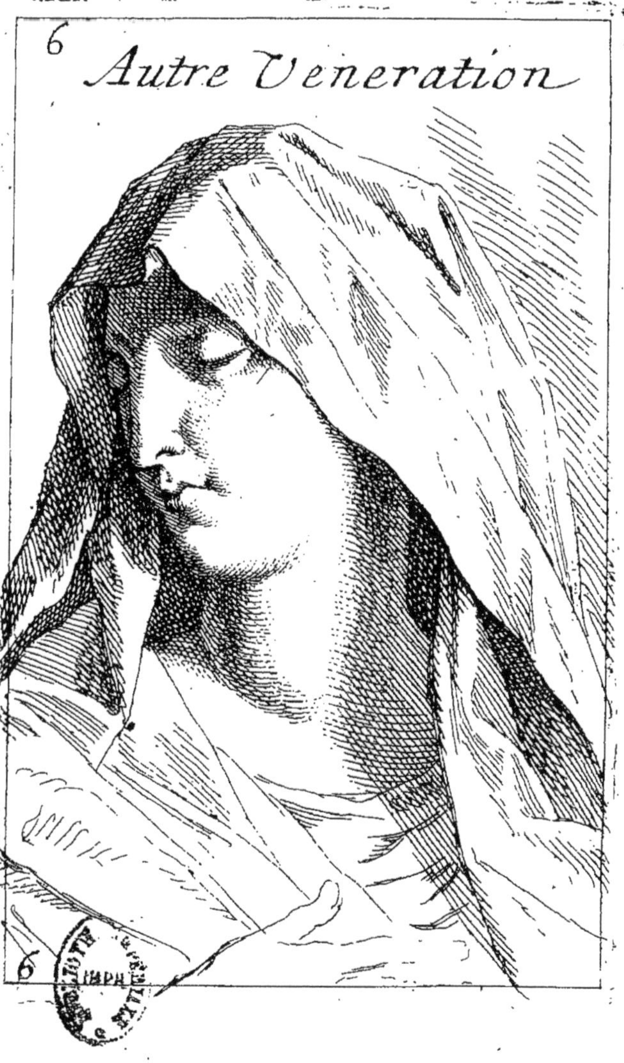
6
Autre Veneration
6

Autre Veneration.

MAis ſi la Veneration eſt cauſée par un objet pour lequel on doit avoir de la foi, alors toutes les parties du viſage ſeront abaiſſées plus profondément que dans la premiere action ; les yeux & la bouche ſeront fermés, montrant par cette action, que les ſens exterieurs n'y ont aucune part.

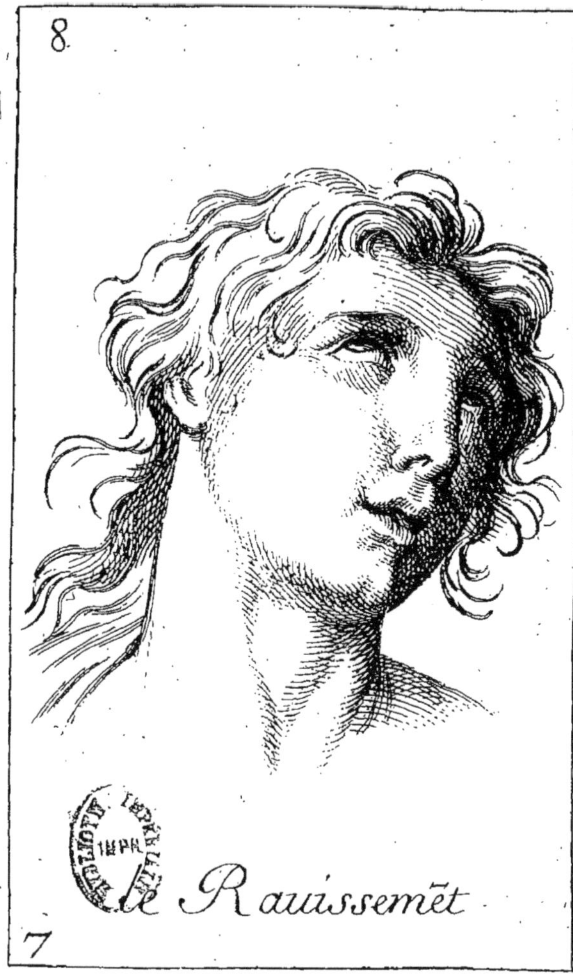

le Rauissemēt

LE RAVISSEMENT.

MAis ſi l'Admiration eſt cauſée par quelque objet qui ſoit au deſſus de la connoiſſance de l'ame, comme peut être la puiſſance de Dieu & ſa grandeur, alors les mouvemens d'Admiration & de Veneration seront differens des precedens, car la tête ſera panchée du côté du cœur, & les ſourcils élevés en haut, & la prunelle ſera de même.

La tête panchée comme je viens de dire, ſemble marquer l'abaiſſement de l'ame.

C'eſt pour cela auſſi que les yeux, ni les ſourcils ne ſont

point attirés du côté de la glande, mais élevés vers le ciel, où ils ſemblent être attachés pour découvrir ce que l'ame ne peut connoître. La bouche eſt entr'ouverte, aiant les coins un peu élevés, ce qui témoigne une eſpece de Raviſſement. Si au contraire de ce que nous avons dit ci-deſſus ; l'objet qui a cauſé d'abord nôtre Admiration, n'a rien en lui qui merite nôtre Eſtime, ce peu d'eſtime cauſera le Mépris, & le Mépris s'exprime

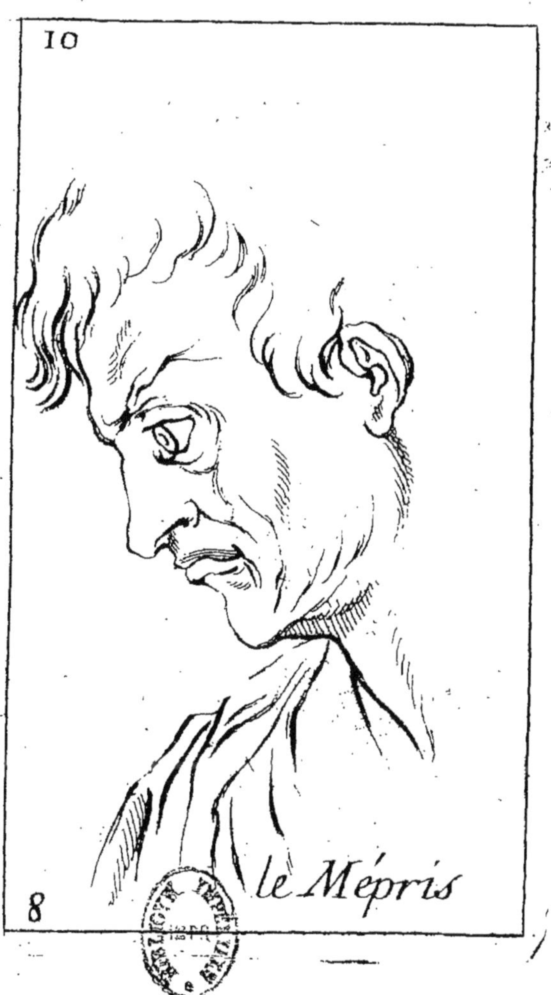

le Mépris

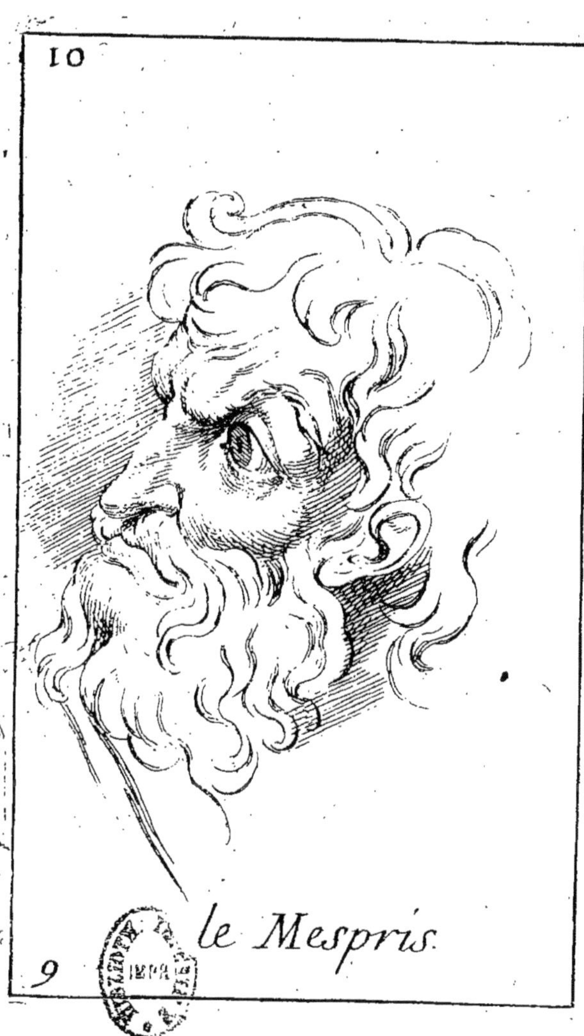

le Mespris

LE MEPRIS.

PAr le ſourcil froncé & abaiſſé du côté du nez, & de l'autre côté fort élevé, l'œil fort ouvert, & la prunelle au milieu, les narines retirées en haut, la bouche fermée, & les coins un peu abaiſſés, & la lévre de deſſous excedant celle de deſſus.

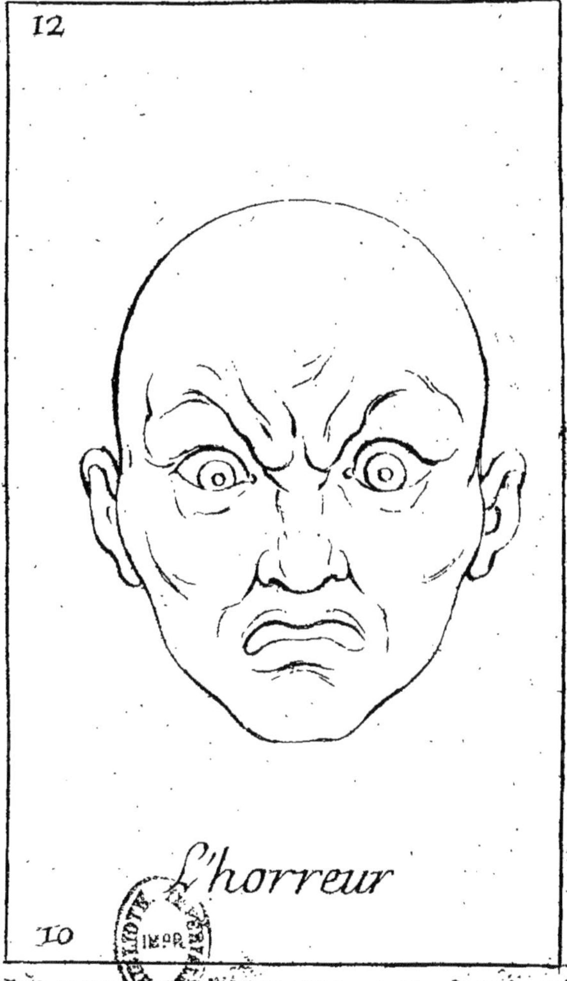

L'horreur

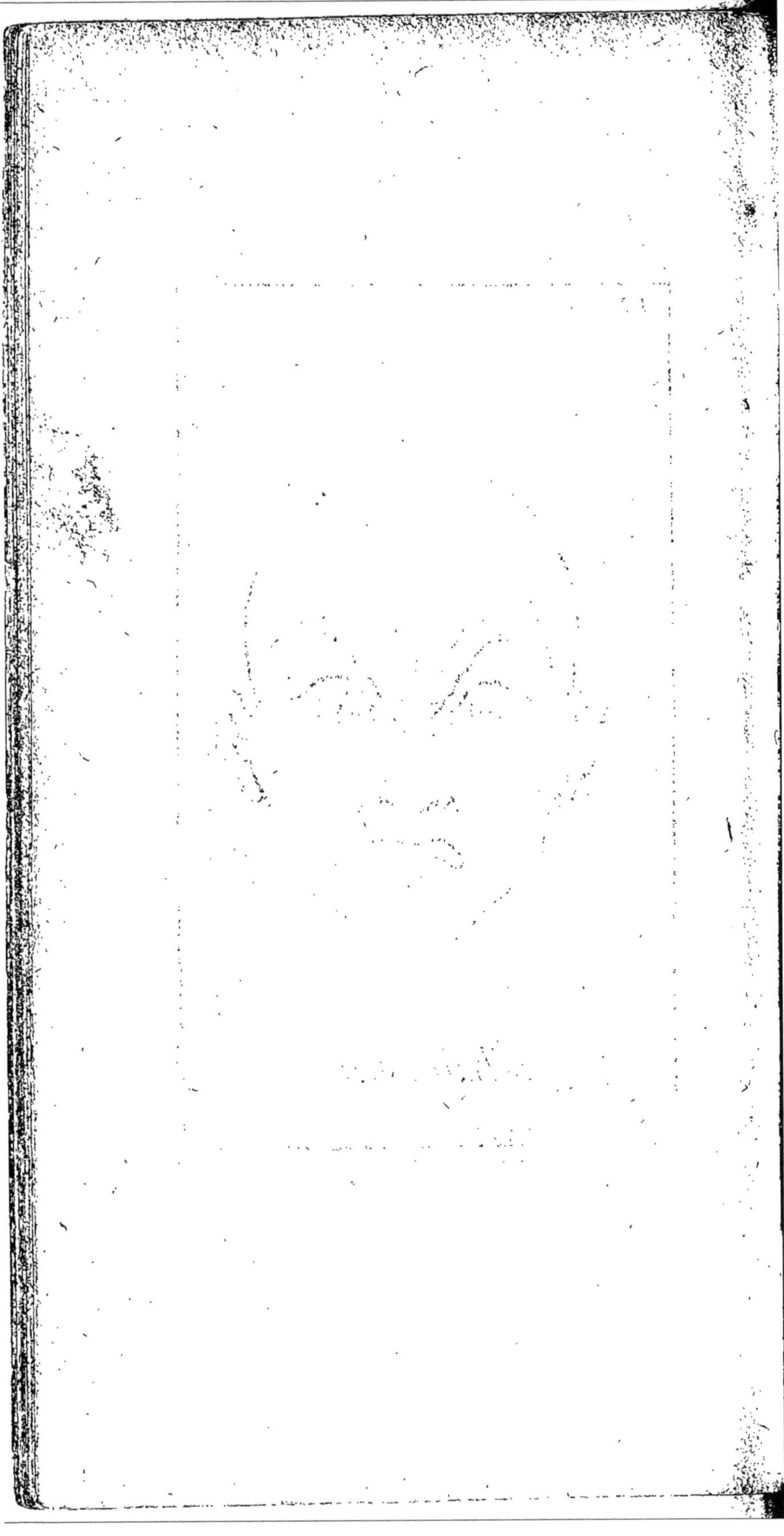

L'HORREUR.

MAis ſi au lieu du mépris l'objet qu'on mépriſe, cauſe de l'horreur, le ſourcil ſera encore plus froncé que dans la premiere action, la prunelle au lieu d'être ſituée au milieu de l'œil, ſera ſituée au bas, la bouche ſera entr'ouverte, mais plus ſerrée par le milieu que par les coins qui doivent être comme retirés en arriere. Se formeront par cette action des plis aux jouës, la couleur du viſage ſera pâle, & les lévres & les yeux un peu livides ; & cette action a de la reſſemblance à la fraieur.

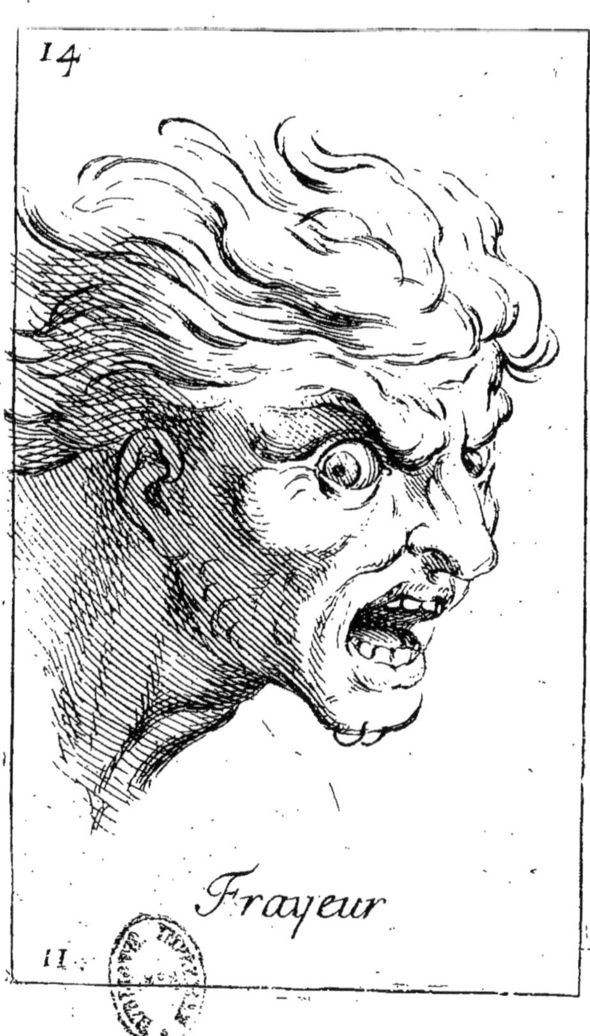

Frayeur

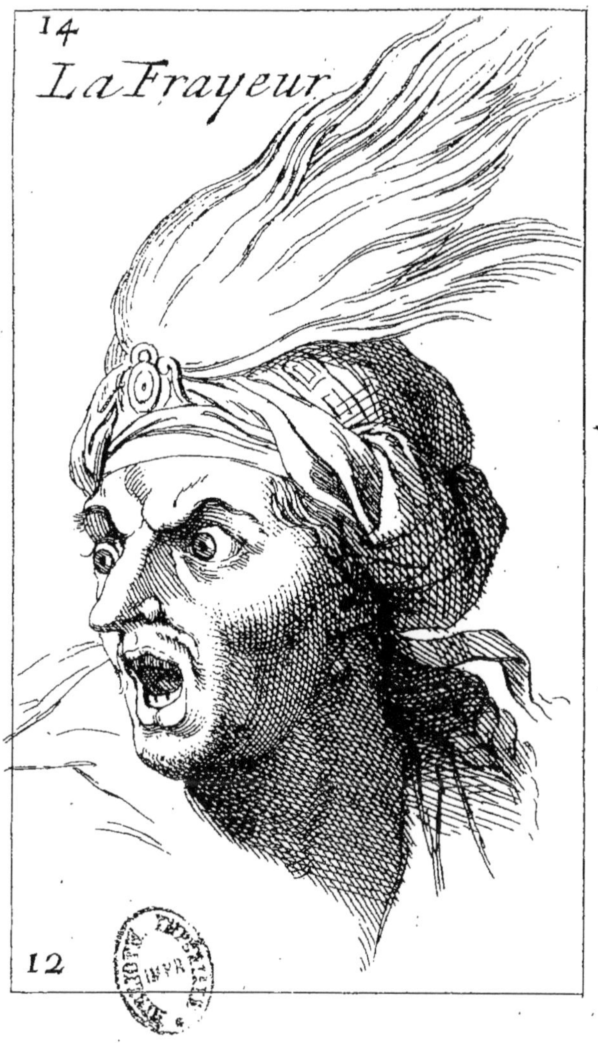
14
La Frayeur
12

LA FRAYEUR.

LA Fraieur quand elle est excessive, fait que celui qui l'a receuë, a le sourcil fort élevé par le milieu, & les muscles qui servent au mouvement de ces parties, fort marqués & enflés, & pressés l'un contre l'autre, s'abaissant sur le nez qui doit paroître retiré en haut & les narines de même ; les yeux doivent paroître entierement ouverts, la paupiere de dessus cachée sous le sourcil, le blanc de l'œil doit être environné de rouge, la prunelle doit paroître comme égarée, située plus au bas de l'œil que du côté d'en haut, le dessous de la paupiere doit paroître enflé & livide, les muscles du nez & les mains aussi enflés, les muscles des jouës extrémement marqués & formés en pointe de chaque côté des narines, la bouche sera fort ouverte, & les coins seront fort apparens, tout sera beaucoup marqué, tant à la partie du front qu'autour des yeux, les muscles & veines du col doivent être fort tendus & apparens, les cheveux herissés, la couleur du visage pâle & livide, comme le bout du nez, les lévres, les oreilles, & le tour des yeux.

Si les yeux paroissent extrémement ouverts en cette passion,

ſion, c'eſt que l'ame s'en ſert pour remarquer la nature de l'objet qui cauſe la fraieur: le ſourcil qui eſt abaiſſé d'un côté, & élevé de l'autre, fait voir que la partie élevée ſemble le vouloir joindre au cerveau pour le garentir du mal que l'ame apperçoit; & le côté qui eſt abaiſſé, & qui paroît enflé, nous fait trouver dans cet état par les eſprits qui viennent du cerveau en abondance, comme pour couvrir l'ame, & la défendre du mal qu'elle craint; la bouche fort ouverte fait voir le ſaiſiſſement du cœur, par le ſang qui ſe retire vers lui, ce qui l'oblige, voulant reſpirer, à faire un effort qui eſt cauſe que la bouche s'ouvre extrémement, & qui lorſqu'il paſſe par les organes de la voix, forme un ſon qui n'eſt point articulé ; que ſi les muſcles & les veines paroiſſent enflés, ce n'eſt que par les eſprits que le cerveau envoie en ces parties-là.

Si toutes les paſſions precedentes peuvent être excitées en nous par des objets pour qui nous aions de l'eſtime ou de l'admiration,

L'Amour peut être auſſi, comme nous avons dit, lorſque la choſe qui nous eſt repreſentée bonne, l'eſt à nôtre égard, c'eſt-à-dire comme nous étant convenable, cela nous fait avoir pour elle de l'amour.

18

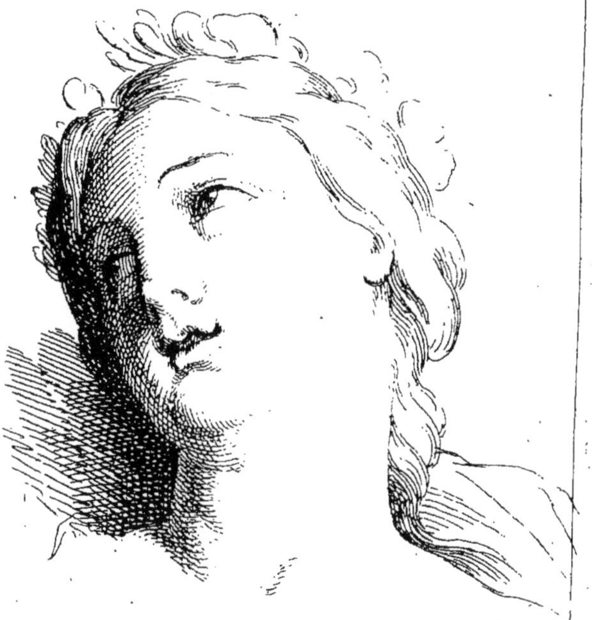

l'Amour Simple.

13

L'AMOUR SIMPLE.

LEs mouvemens de cette passion, lors qu'elle est simple, sont fort doux & simples, car le front sera uni, les sourcils un peu élevés du côté que se trouve la prunelle, la tête inclinée vers l'objet qui cause de l'amour, les yeux peuvent être mediocrement ouverts, le blanc de l'œil fort vif & éclatant, la prunelle doucement tournée du côté où est l'objet, elle paroîtra un peu étincelante & élevée, le nez ne reçoit aucun changement, de même que toutes les parties du visage, qui étant seulement remplies d'esprits qui l'échauffent, & qui l'animent, rendent la couleur plus vive & plus vermeille, & particuliérement à l'endroit des jouës & des lévres; la bouche doit être un peu entr'ouverte, & les coins un peu élevés, les lévres paroissent humides, & cette humidité peut être causée de vapeur qui s'éleve du cœur.

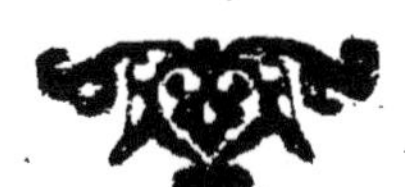

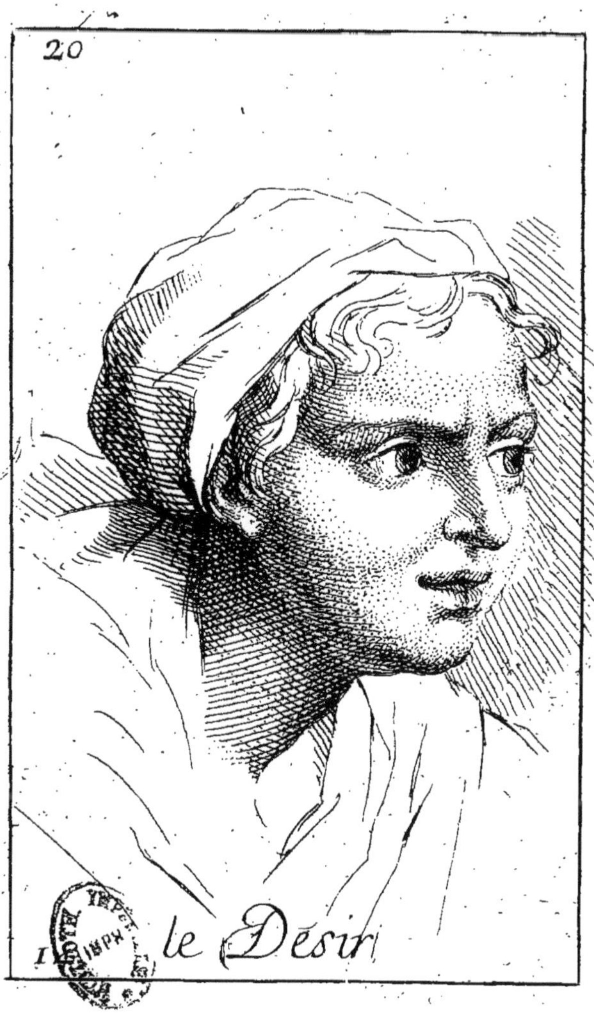

le Désir

LE DESIR.

S'Il y a du desir, on peut le representer par les sourcils pressés & avancés sur les yeux qui seront plus ouverts qu'à l'ordinaire, la prunelle se trouvera située au milieu de l'œil, & pleine de feu, les narines plus serrées du côté des yeux, la bouche est aussi plus ouverte que dans la precedente action, les coins retirés en arriere, la langue peut paroître sur le bord des lévres, la couleur plus enflâmée que dans l'Amour; tous ces mouvemens faisant voir l'agitation de l'ame causée par les esprits qui la dispoſent à vouloir un bien qu'elle ſe repreſente lui être convenable.

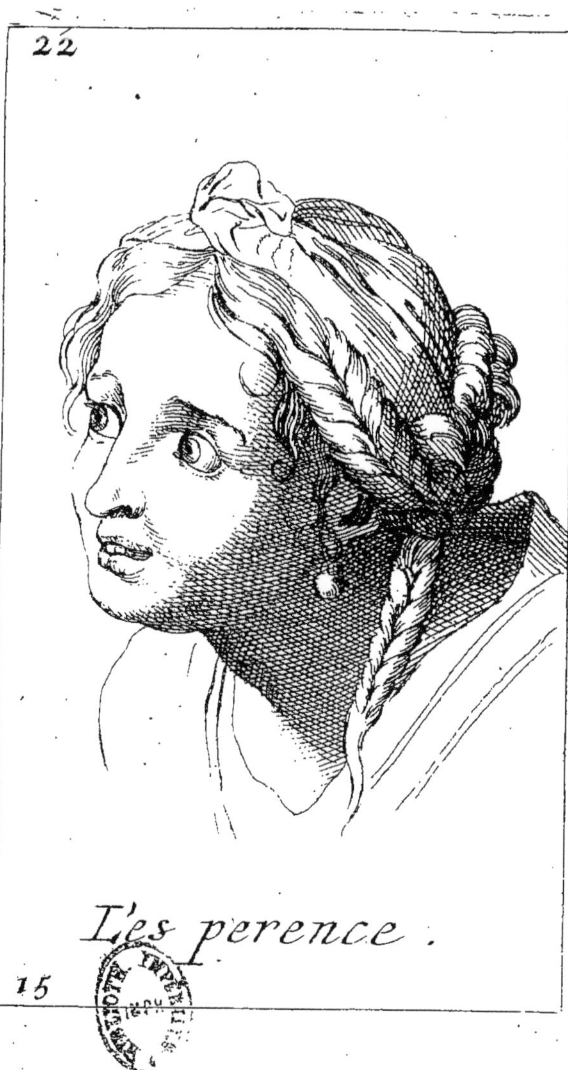

L'es perence .

L'ESPERANCE.

LOrs que nous ſommes portez à deſirer un bien, & qu'il y a apparence de l'obtenir, alors le bien excite en nous l'Eſperance.

Or comme les mouvemens de cette paſſion ne ſont pas tant exterieurs qu'interieurs, nous en dirons quelque choſe, & nous remarquerons ſeulement que cette paſſion tient toutes les parties du corps ſuſpenduës entre la crainte & l'aſſurance; de ſorte que ſi une partie du ſourcil marque la crainte, l'autre partie marque de la ſûreté, ainſi toutes les parties du corps & du viſage ſont partagées & entremêlées du mouvement de ces deux paſſions.

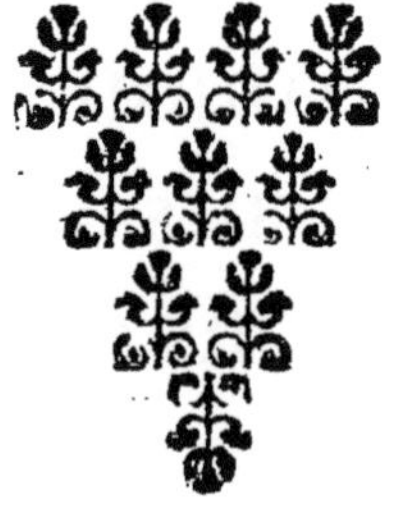

24

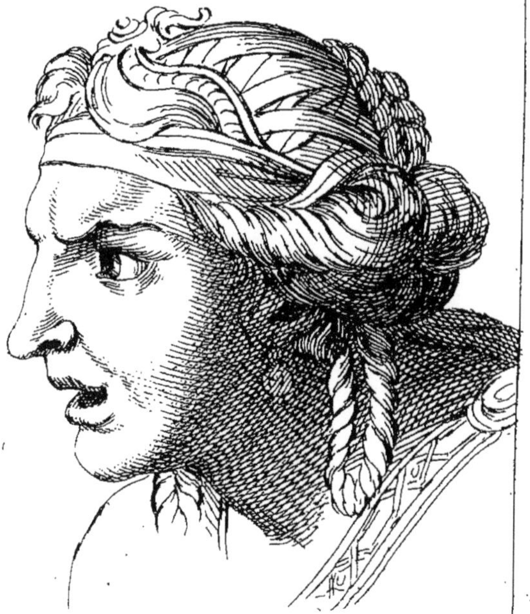

La Crainte

16

LA CRAINTE.

MAis s'il n'y a point d'aparence d'obtenir ce qu'on desire, alors la crainte ou le desespoir prend la place de l'esperance, & le mouvement de la crainte s'exprime par le sourcil un peu élevé du côté du nez, la prunelle étincelante & dans un mouvement inquiet, située dans le milieu de l'œil, la bouche ouverte, se retirant en arriere, & plus ouverte par les côtés que par le milieu, aiant la lévre de dessous plus retirée que celle du dessus. La rougeur est plus grande même qu'en l'amour ni au deſir, mais elle n'eſt pas ſi belle, car elle tient de la couleur livide, les lévres ſont de même, & elles ſont auſſi plus ſeiches, quand la paſſion de l'amour change la crainte en jalouſie.

26

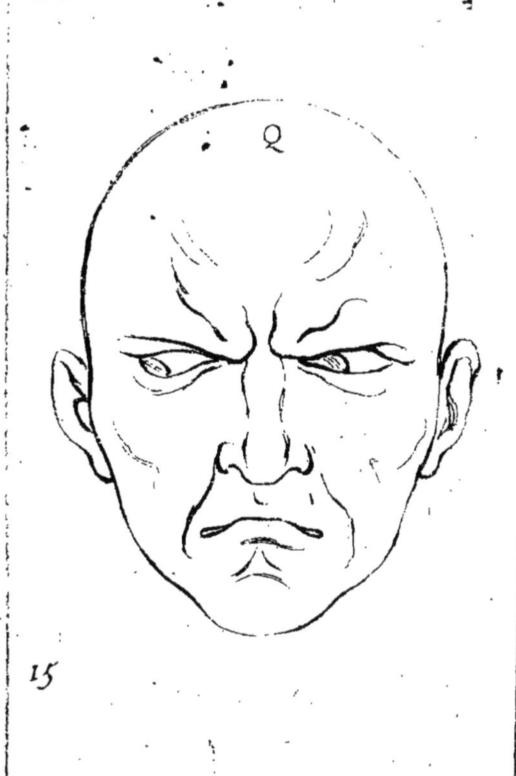

de la Jalousie naist
17 l'auersion

LA JALOUSIE

S'Exprime par le front ridé, le sourcil abattu & froncé, l'œil étincelant, & la prunelle cachée sous les sourcils tournés du côté de l'objet qui cause la passion, le regardant de travers & d'un côté contraire à la situation du visage, la prunelle doit paroître sans arrêt & pleine de feu, aussi bien que le blanc de l'œil & les paupieres ; les narines pâles, ouvertes, & plus marquées qu'à l'ordinaire, & retirées en arriere, ce qui fait paroître des plis aux jouës : la bouche pourra être fermée, & faire connoître que les dents ſont ſerrées, la lévre de deſſus excede celle de deſſous, & les coins de la bouche ſeront retirés en arriere, & ſeront fort abaiſſés; les muſcles des machoires paroîtront enfoncés.

Il y a une partie du viſage dont la couleur ſera enflâmée, & l'autre jaunâtre, les lévres pâles ou livides.

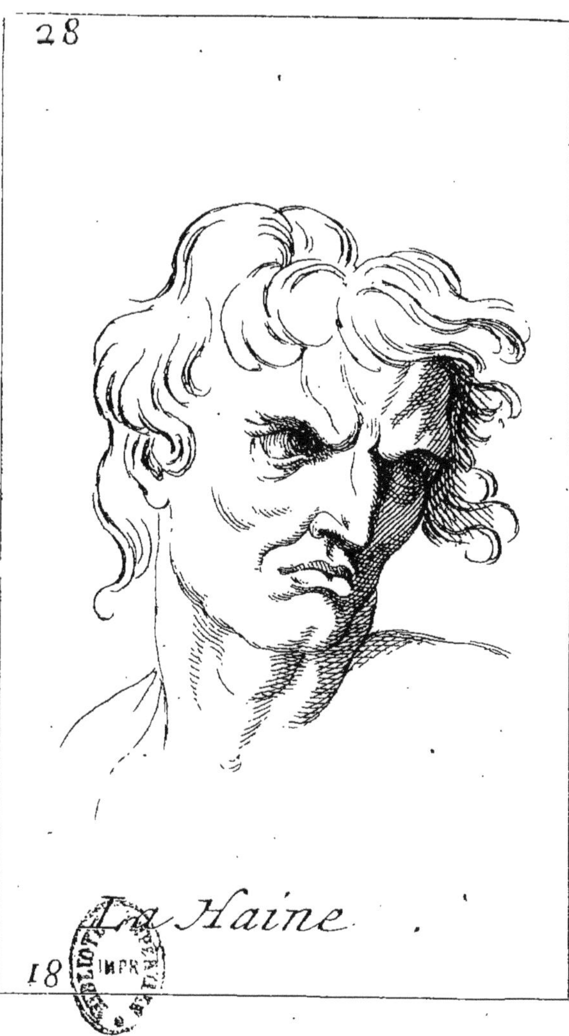

La Haine.

LA HAINE.

De la jalouſie s'engendre la haine ; & comme la haine & la jalouſie ont un grand rapport entr'elles, & que leurs mouvemens exterieurs ſont preſque ſemblables, nous n'avons rien à remarquer en cette paſſion de different ni de particulier, qui ne ſoit dans la precedente. Aprés avoir parlé de la jalouſie & de la haine, nous pouvons paſſer à la triſteſſe.

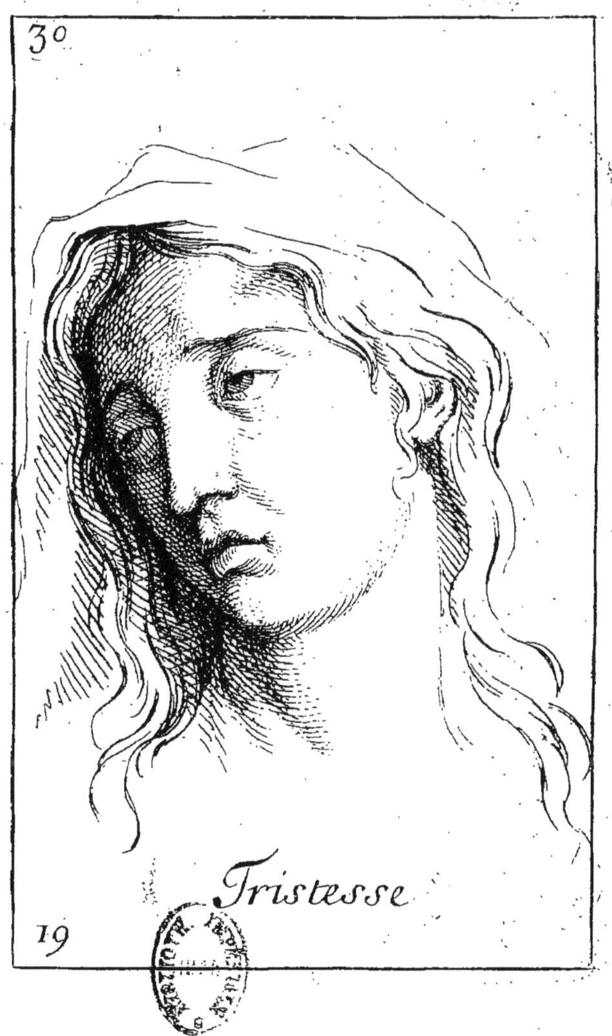
3o
Tristesse
19

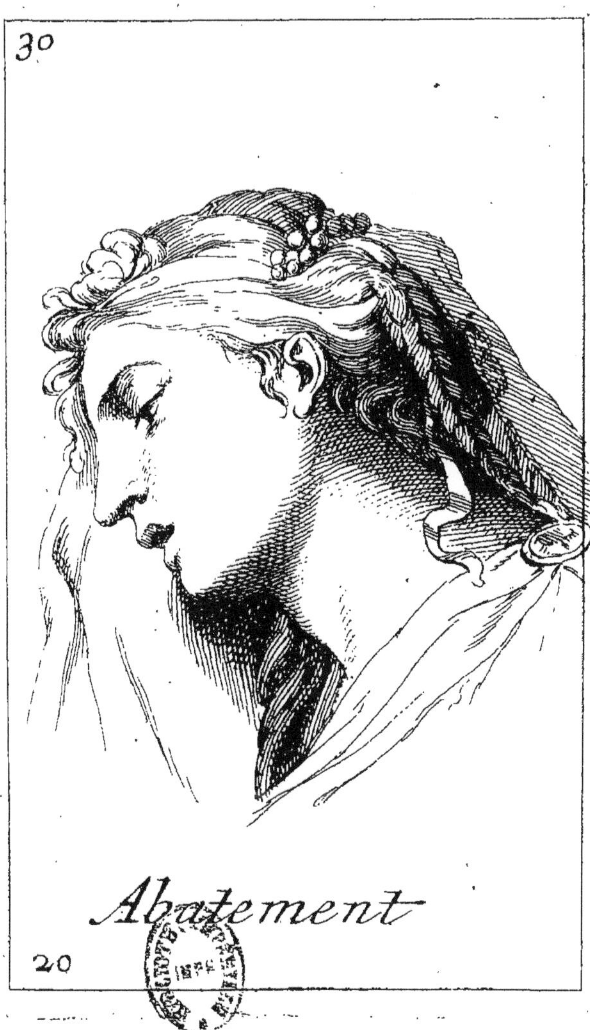

Abatement

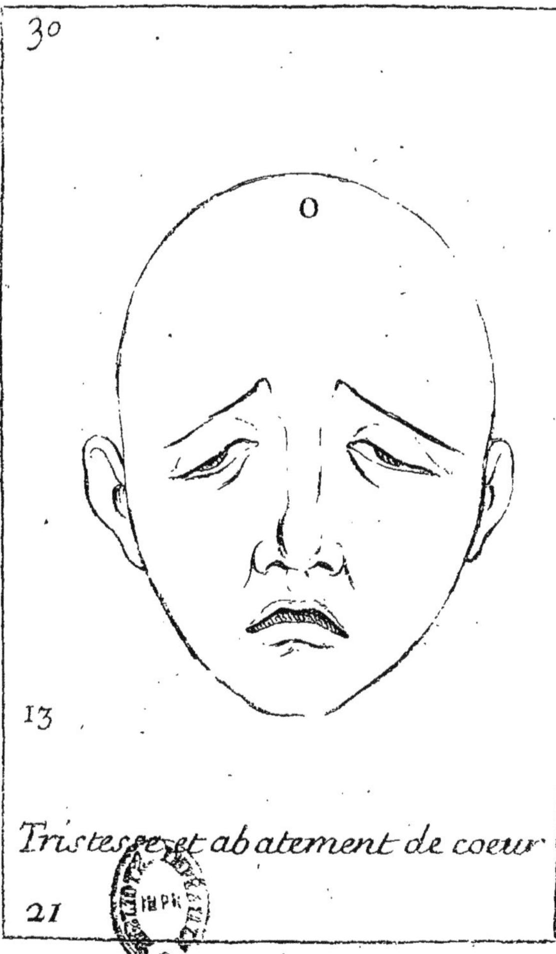

Tristesse et abatement de coeur

LA TRISTESSE.

COmme nous avons dit, la triſteſſe eſt une langueur deſagreable, où l'ame reçoit des incommodités du mal ou du défaut que les impreſſions du cerveau lui repreſentent.

Cette paſſion ſe figure auſſi par des mouvemens qui ſemblent marquer l'inquietude du cerveau, & l'abattement du cœur, car les côtés des ſourcils ſont plus élevés vers le milieu du front, que du côté des jouës; & celui qui eſt agité de cette paſſion, a les prunelles troubles, le blanc de l'œil jaune, les paupieres abattuës & un peu enflées, le tour des yeux livide, les narines tirant en bas, la bouche entr'ouverte & les coins abaiſſés, la tête paroît nonchalamment panchée ſur une des épaules, toute la couleur du viſage eſt plombée, & les lévres pâles & ſans couleur.

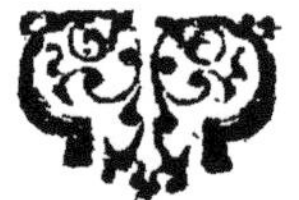

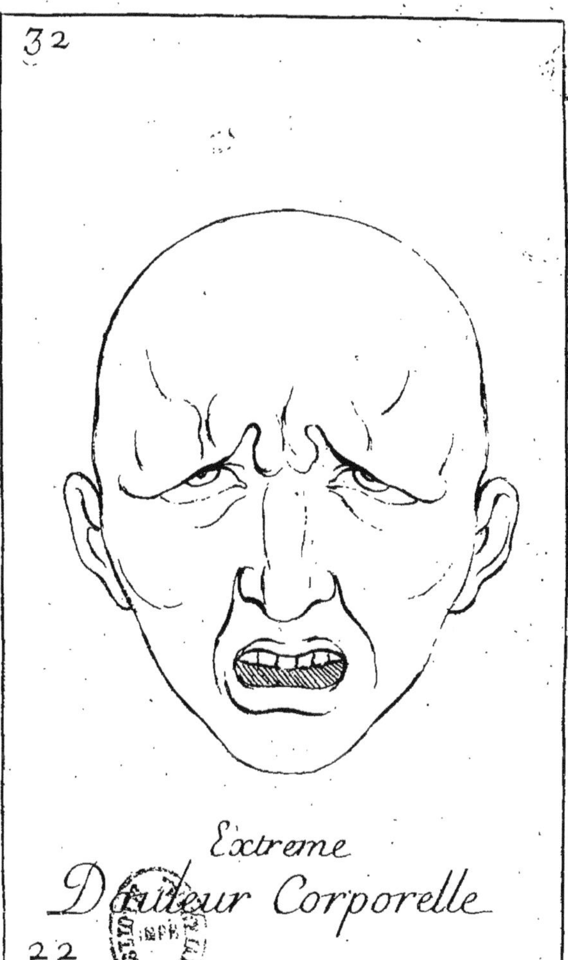

Extreme
Douleur Corporelle

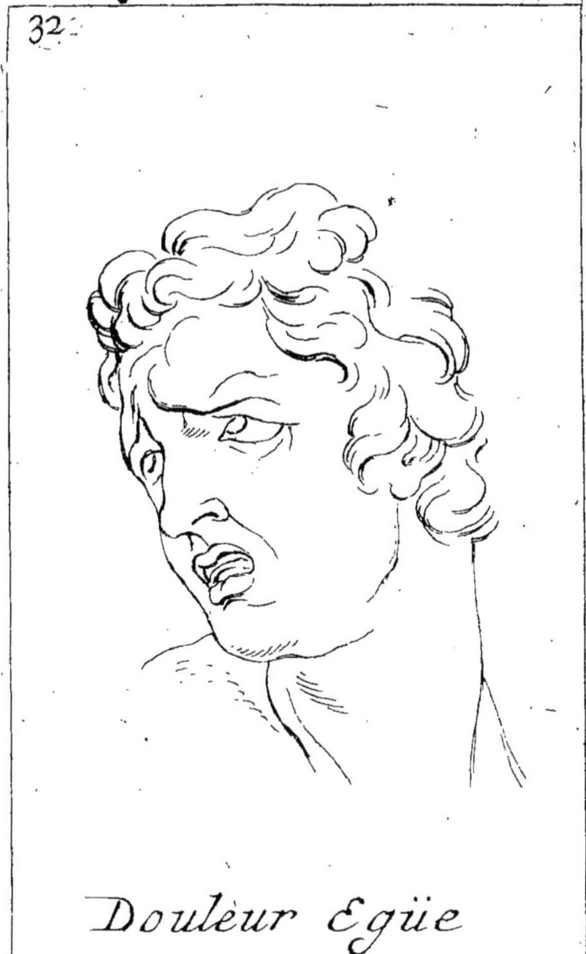

Douleur Egüe

Douleur corporelle.

MAis ſi la triſteſſe eſt cauſée par quelque douleur corporelle, & que cette douleur ſoit aiguë, tous les mouvemens du viſage paroîtront aigus, car les ſourcils qui s'élevent en haut, le ſeront encore plus que dans la precedente paſſion, & s'approcheront plus prés l'un de l'autre; la prunelle ſera cachée ſous le ſourcil, les narines s'éleveront auſſi de ce côté-là, & marqueront un plis aux joües, la bouche ſera plus ouverte que dans la precedente action, & plus retirée en arriere, &

ſera une eſpece de figure carrée en cet endroit-là. Toutes les parties du viſage paroîtront plus ou moins marquées, & plus agitées ſelon que la douleur ſera violente.

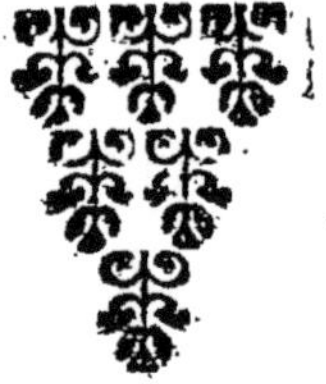

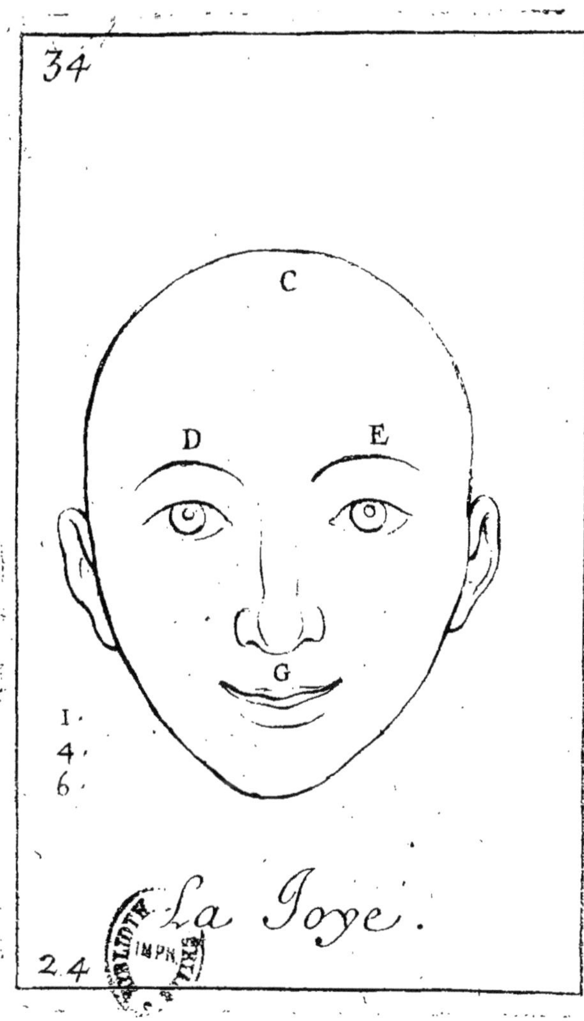
34
C
D
E
G
1.
4.
6.
La Ioye.
24

LA JOIE.

SI au lieu de toutes les passions dont nous venons de parler, la joie s'empare de l'ame, les mouvemens qui l'expriment sont bien differens de ceux que nous venons de remarquer, car en cette passion le front est serain, le sourcil sans mouvement, élevé par le milieu, l'œil mediocrement ouvert & riant, la prunelle vive & éclatante, les narines tant soit peu ouvertes, la bouche aura un peu les coins élevés, le teint vif, les joües & les lévres vermeilles.

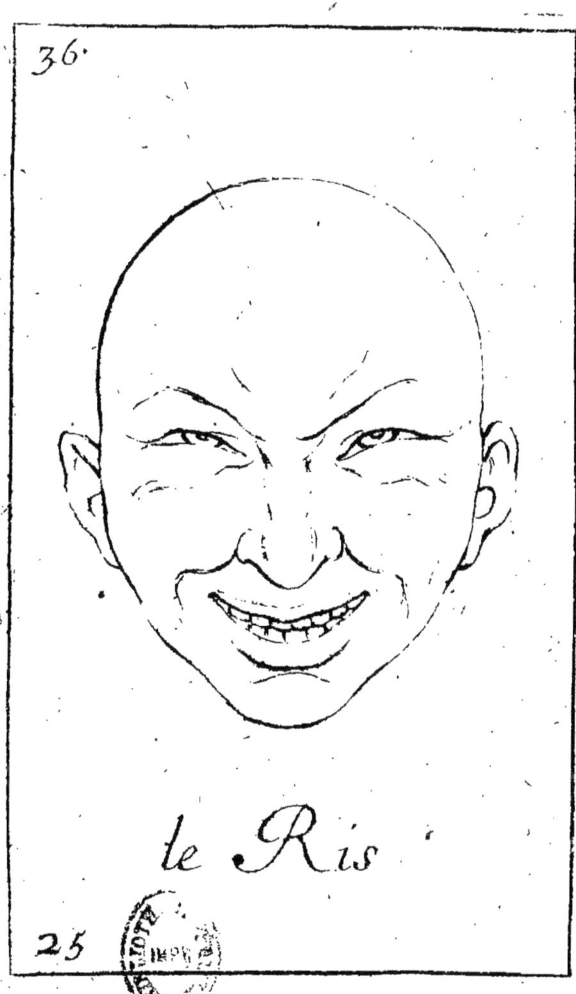
36.
le Ris
25

LE RIS.

ET ſi à la joie ſuccede le ris, ce mouvement s'exprime par les ſourcils élevés vers le milieu de l'œil, & abaiſſés du côté du nez, les yeux preſque fermés, la bouche paroîtra entr'ouverte, & fera voir les dents, les coins ſeront retirés en arriere, & s'éleveront en haut, ce qui fera faire un plis aux joües qui paroîtront enflées & ſurmonter les yeux, le viſage ſera rouge, les narines ouvertes, & les yeux peuvent paroître moüillés, ou jetter quelques larmes qui étant bien differentes de celles de la triſteſſe, ne changent rien au mouvement du viſage, mais bien quand elles ſont excitées par la douleur.

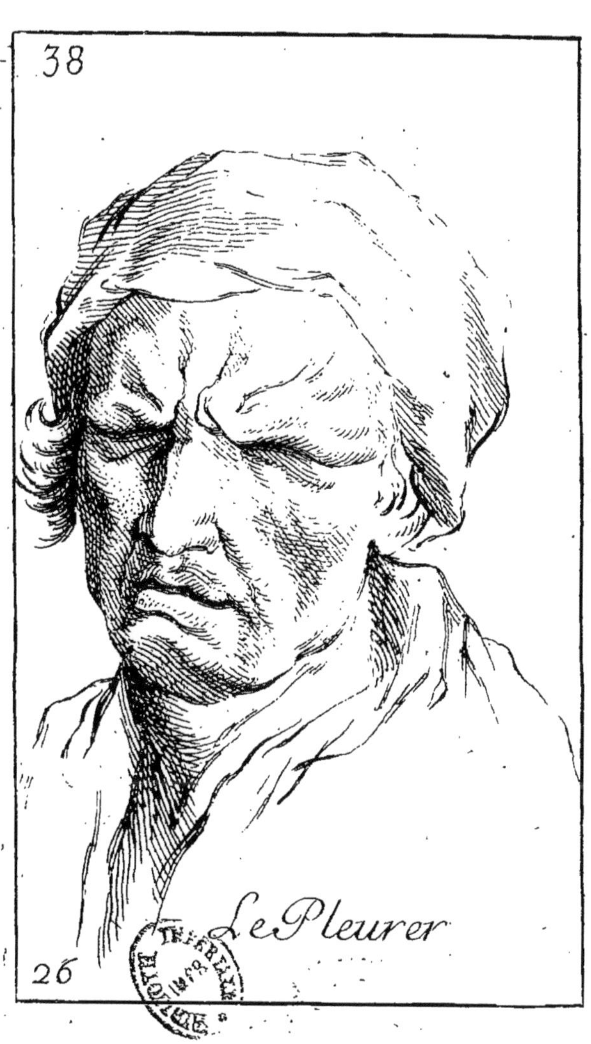

Le Pleurer

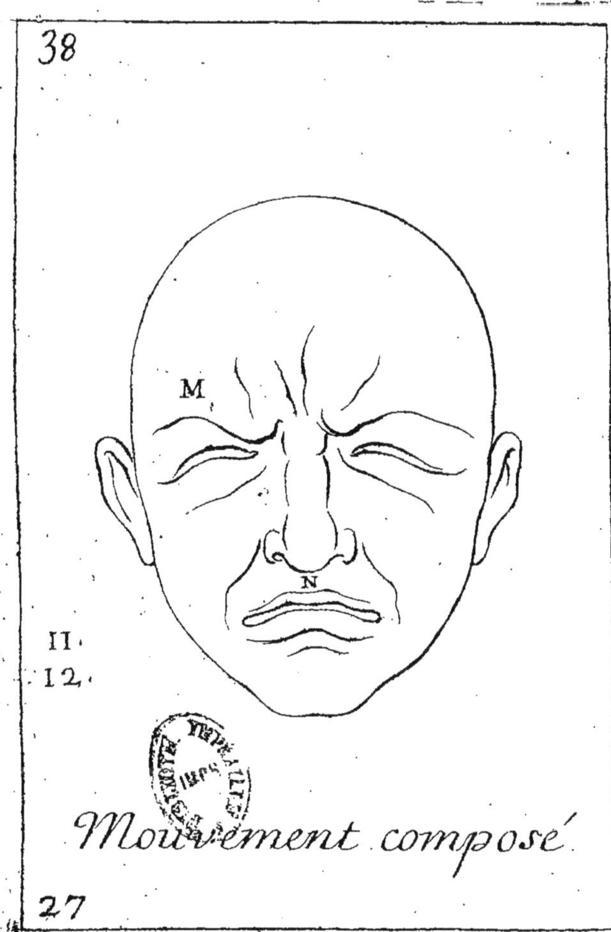

Mouvement composé

LE PLEVRER.

ALors celui qui pleure a le ſourcil abaiſſé ſur le milieu du front, les yeux preſque fermés, fort moüillés & abaiſſés du côté des jouës, & les narines enflées, & tous les muſcles & veines du front ſont apparens; la bouche ſera demie ouverte, ayant les côtés abaiſſés, faiſant des plis aux jouës, la lévre de deſſous paroîtra renverſée, & preſſera celle de devant, tout le viſage ſera ridé & froncé, la couleur fort rouge, principalement à l'endroit des ſourcils, des yeux, du nez & des joües.

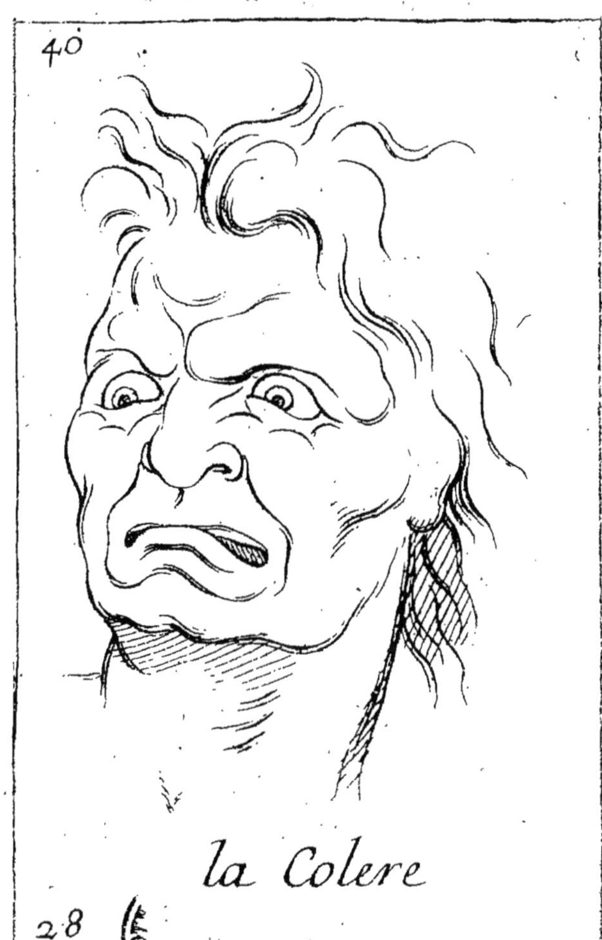

la Colere

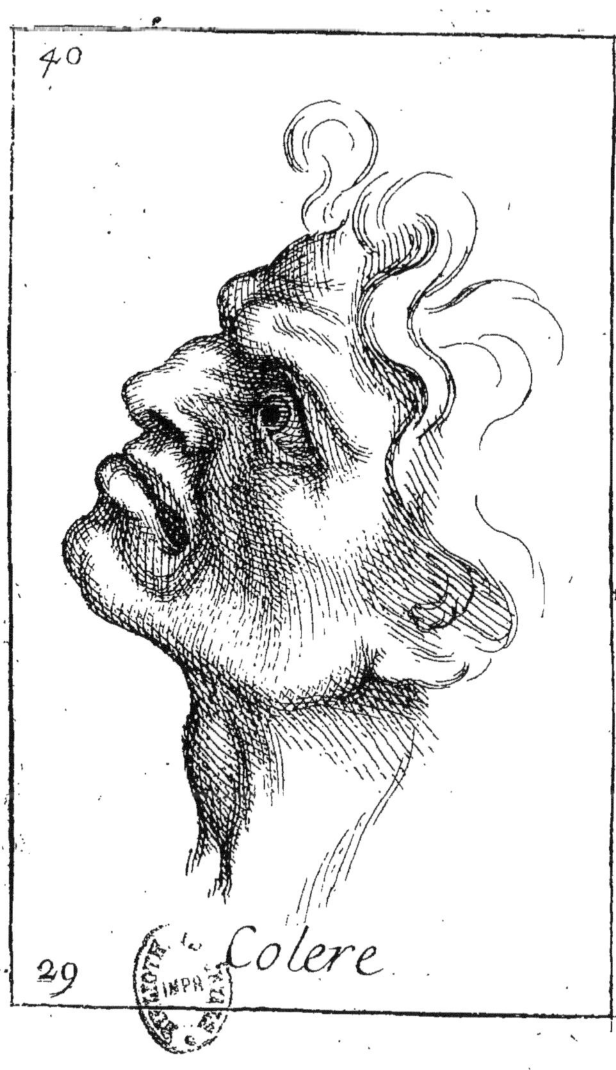

Colere

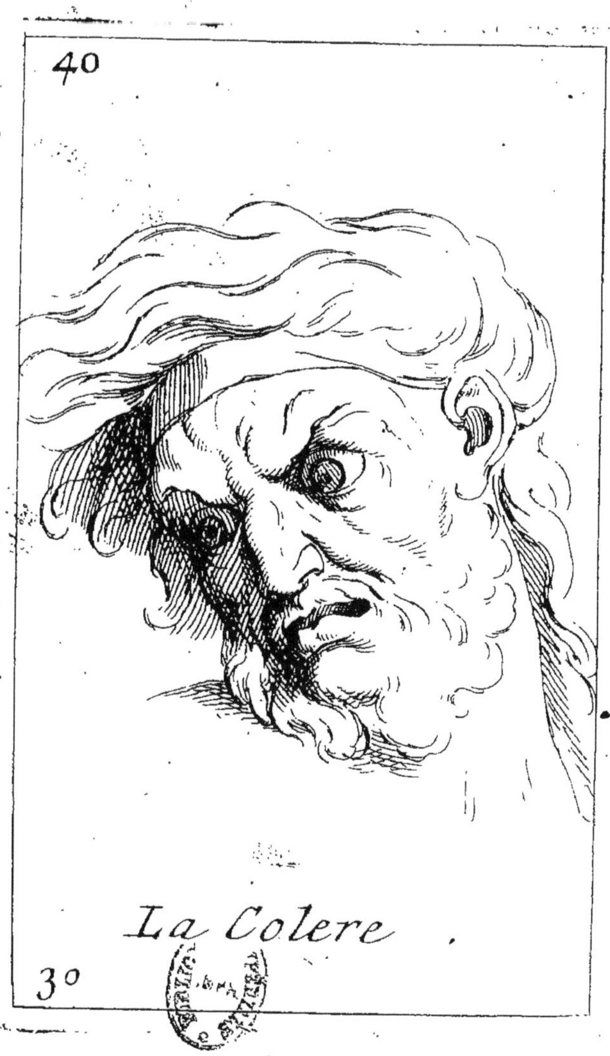

La Colere

LA COLERE.

LOrſque la colere s'empare de l'ame, celui qui reſſent cette paſſion, a les yeux rouges & enflâmés, la prunelle égarée & étincelante, les ſourcils tantôt abattus, tantôt élevés l'un comme l'autre, le front paroîtra ridé fortement, des plis entre les yeux, les narines paroîtront ouvertes & élargies, les lévres ſe preſſant l'une contre l'autre, & la lévre de deſſous ſurmontera celle de deſſus, laiſſant les coins de la bouche un peu ouverts, formant un ris cruel & dédaigneux.

Il ſemblera grincer les dents, il paroîtra de la ſalive à la bouche ; ſon viſage ſera pâle en quelque endroit, & enflâmé en d'autres & tout enflé ; les veines du front, des tempes, & du col ſeront enflées & tenduës, les cheveux heriſſés, & celui qui reſſent cette paſſion, s'enfle au lieu de reſpirer, parce que le cœur eſt oppreſſé par l'abondance du ſang qui vient à ſon ſecours.

A la colere ſuccede quelquefois la rage ou le deſeſpoir.

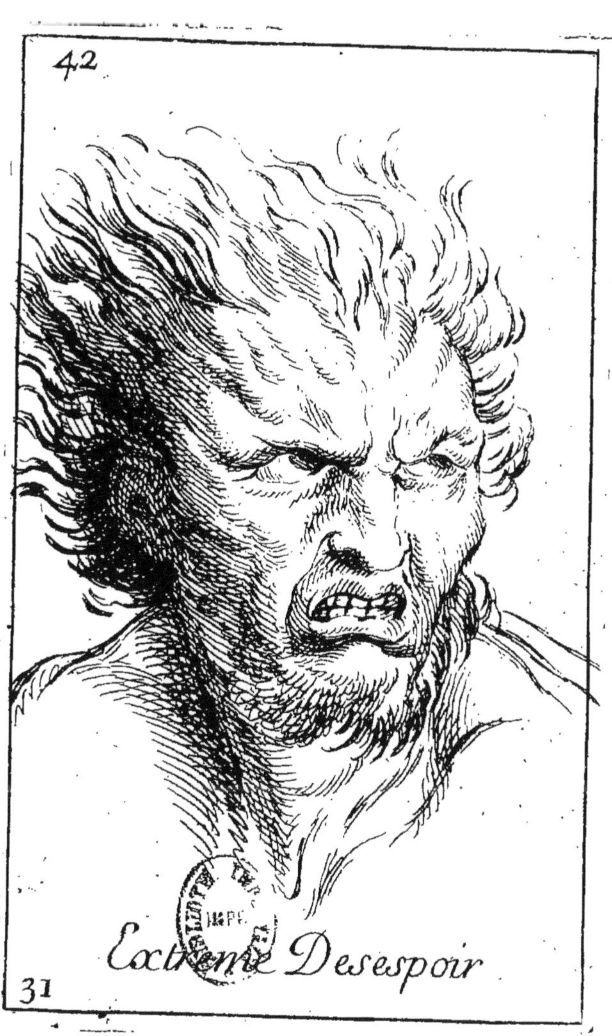
42
Extreme Desespoir
31

L'extrême desespoir.

IL se peut exprimer par un homme qui grince les dents, écume, & qui se mord les lévres, & qui aura le front ridé par des plis qui descendent du haut en bas, les sourcils seront abaissés sur les yeux, & fort pressés du côté du nez : il aura l'œil en feu, plein de sang, la prunelle égarée, cachée sous le sourcil, & dans le bas de l'œil elle paroîtra étincelante & sans arrêt ; ses paupieres seront enflées & livides, les narines grosses & ouvertes s'éleveront en haut, & le bout du nez tirera en bas, les muscles & tendons de cette partie ſeront fort enflés, ainſi que toutes les veines & nerfs du front, des temnes, & des quatre parties du viſage : le haut des jouës paroîtra gros, marqué & ſerré à l'endroit de la machoire, la bouche qui ſera ouverte ſe retirera fort en arriere, & ſera plus ouverte par les côtés que par le milieu, la lévre de deſſous ſera groſſe & renverſée, & toute livide ainſi que tout le reſte du viſage ; il aura les cheveux droits & heriſſés.

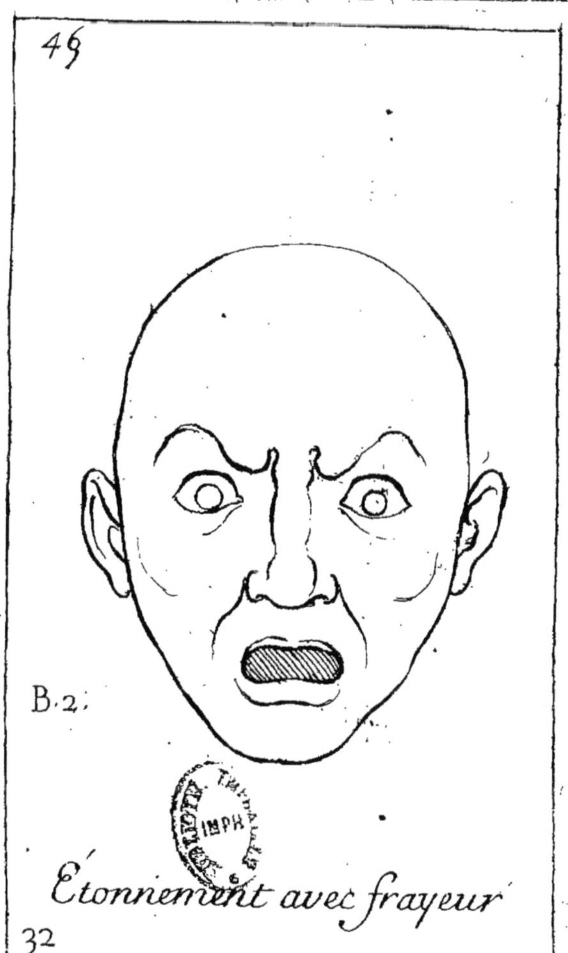

Étonnement avec frayeur

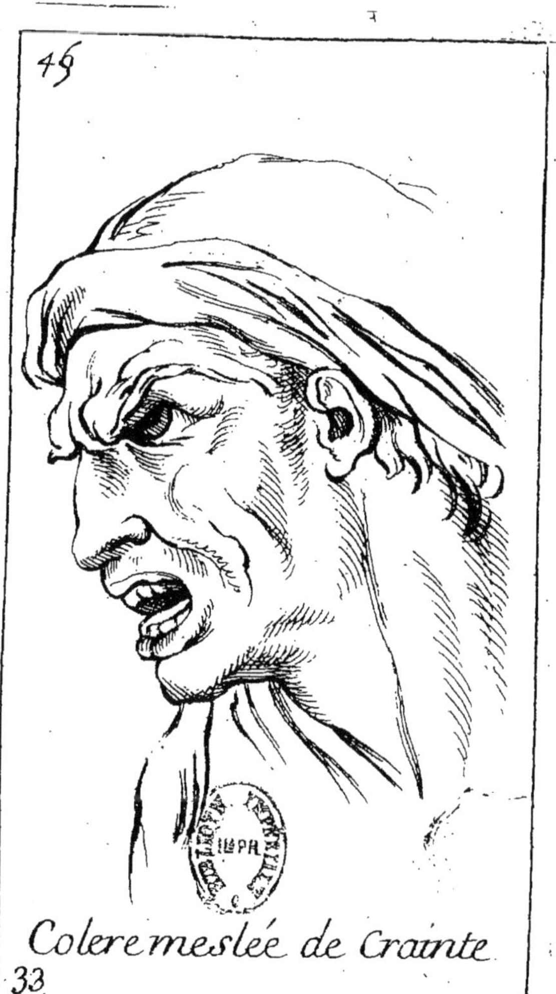

Colere meslée de Crainte

33

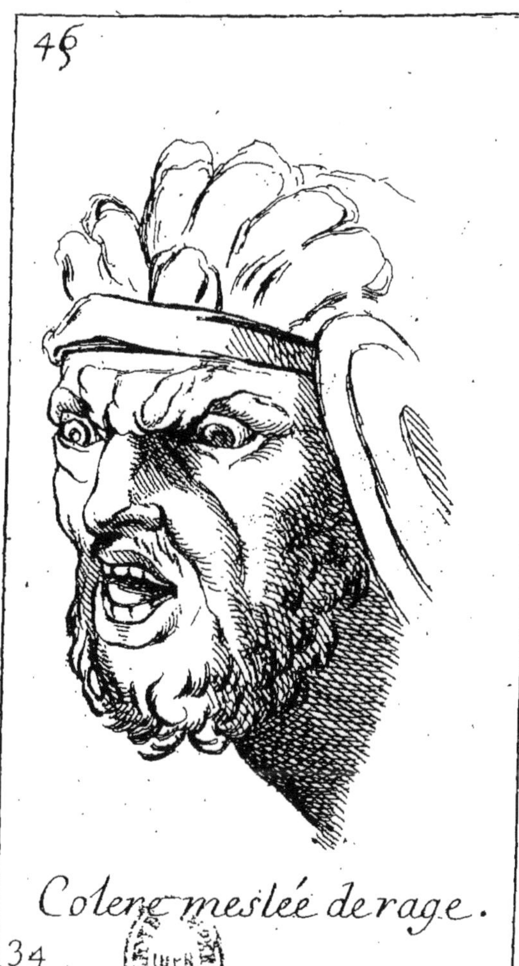

Colere meslée de rage.

LA RAGE.

A De ſemblables mouvemens que le deſeſpoir, mais ils ſemblent être encore plus violens, car le viſage ſera preſque tout noir, couvert d'une ſueur froide, les cheveux heriſſés, les yeux égarés & dans un mouvement contraire, la prunelle tirant tantôt du côté du nez, & tantôt ſe retirant dans les coins de l'œil du côté des oreilles : toutes les parties du viſage feront extrémement marquées & enflées.

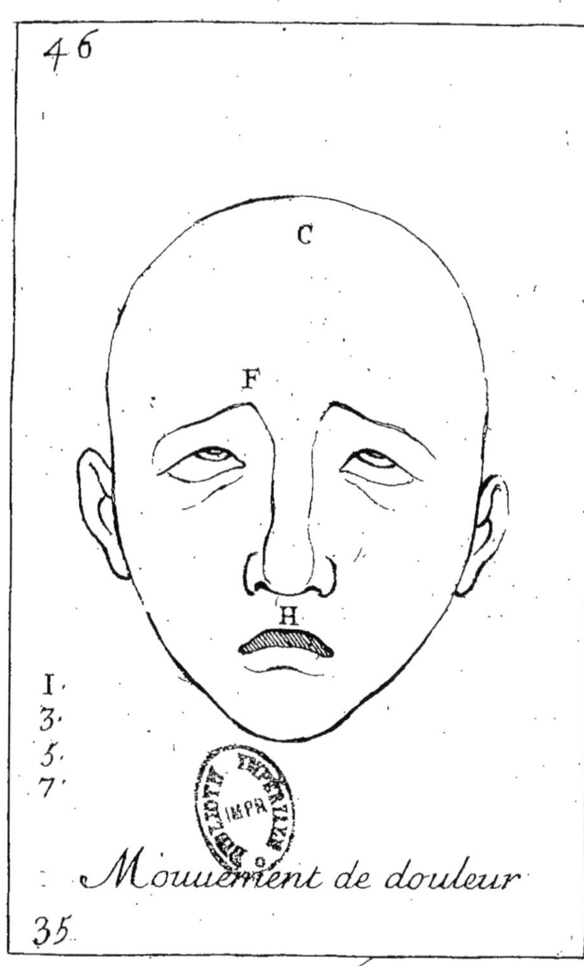

Mouvement de douleur

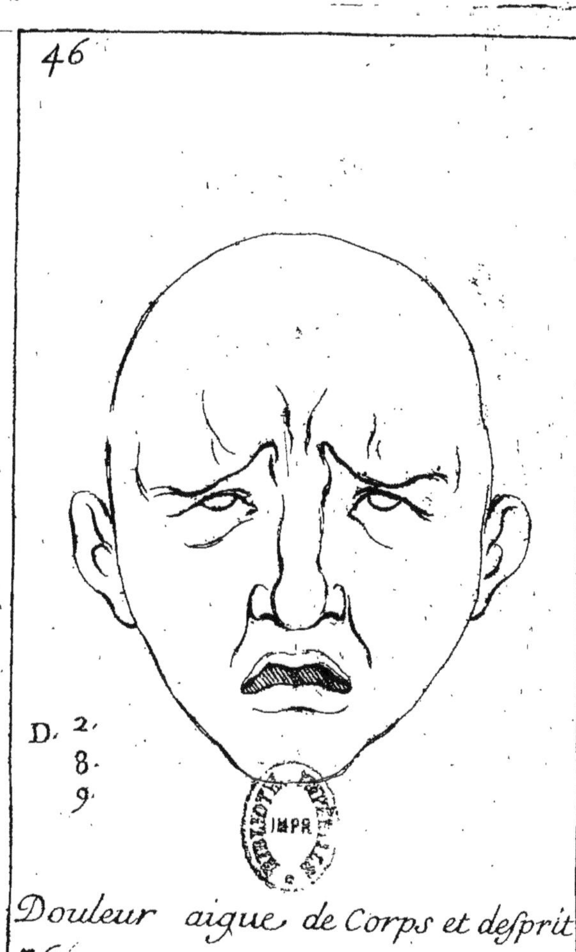

Douleur aigue de Corps et desprit

36

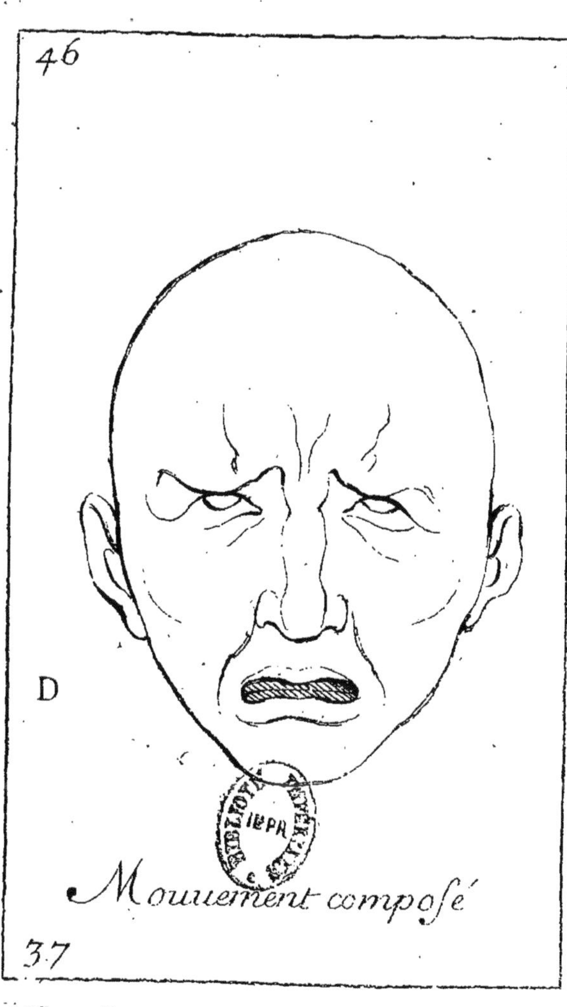

Mouuement composé

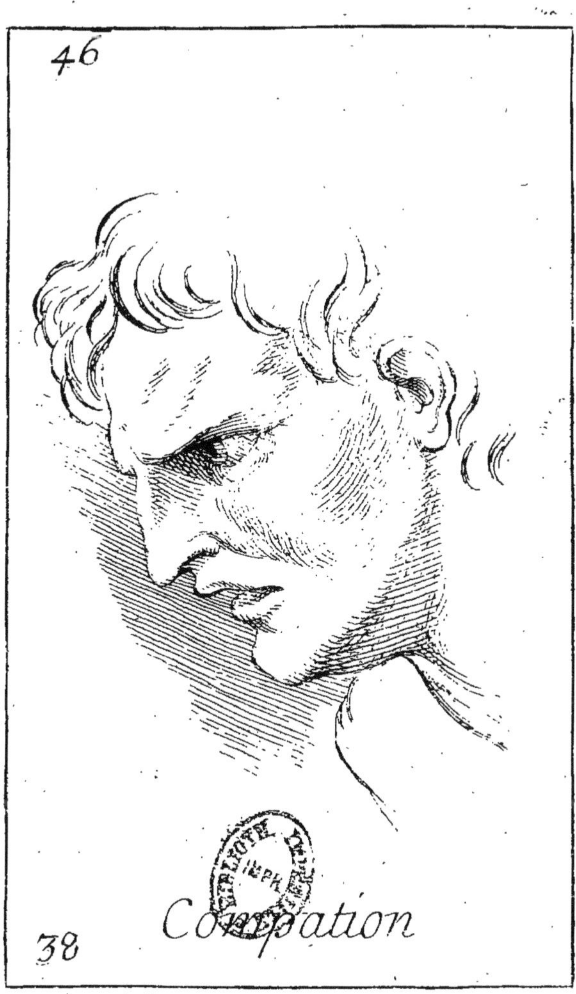

Compation

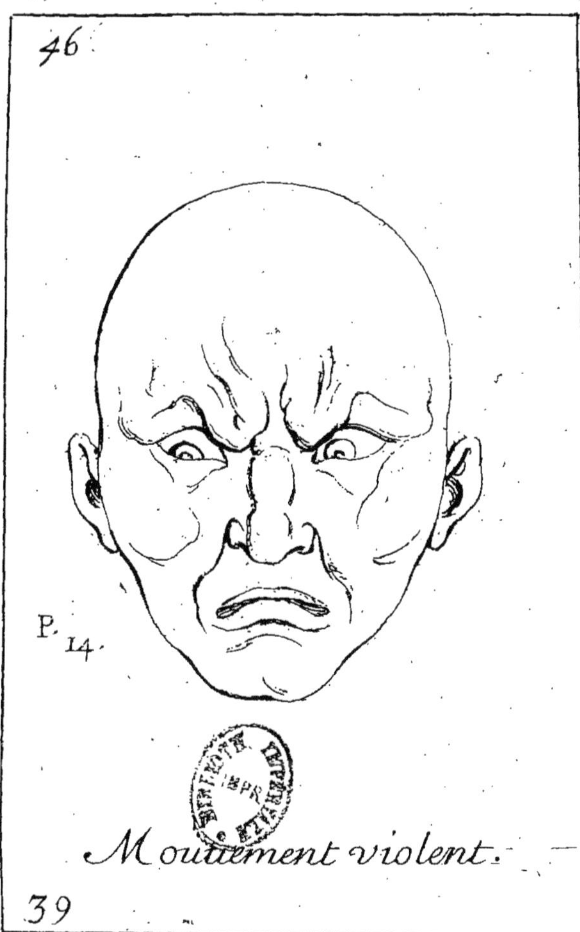

Mouvement violent.

46

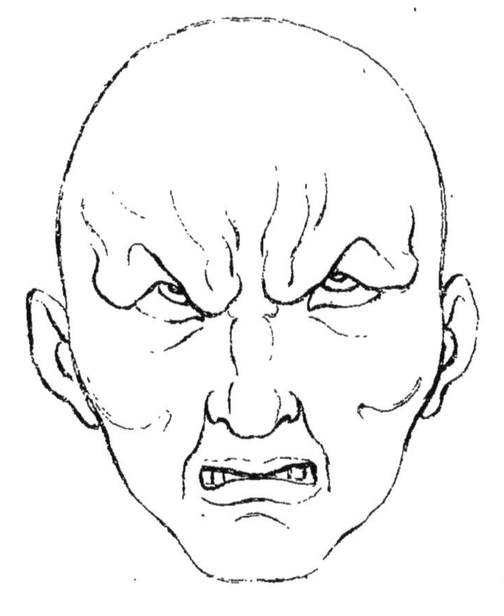

Autre mouvement violent

40

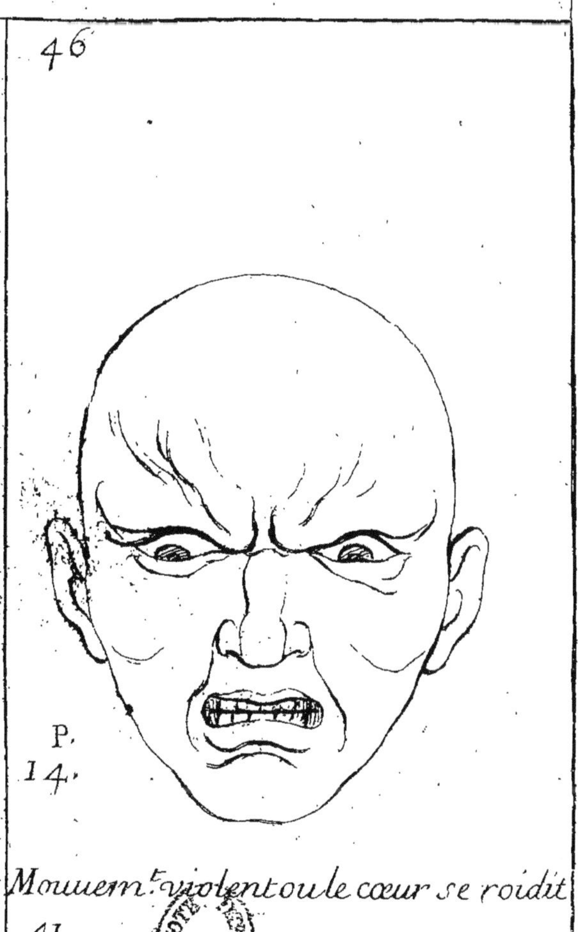

Mouuem.t violent ou le cœur se roidit

VOila, MESSIEURS, une partie des mouvemens exterieurs que j'ai remarqués ſur le viſage.

Mais comme nous avons dit dans le commencement de ce diſcours, que les autres parties du corps peuvent ſervir à l'expreſſion, il ſera bon d'en dire quelque choſe en paſſant.

Si l'Admiration n'apporte pas grand changement dans le viſage, elle ne produit guéres d'agitation dans les autres parties du corps, & ce premier mouvement peut ſe repreſenter par une perſonne droite, aiant les deux mains ouvertes, les bras approchans un peu du corps, les pieds l'un contre l'autre & en même ſituation.

Mais dans l'Eſtime le corps ſera un peu courbé, les épaules tant ſoit peu élevées, les bras ploiés & joignant le corps; les mains ouvertes & s'approchant l'une contre l'autre, & les genoux ploiés.

Dans la Veneration le corps ſera encore plus courbé que dans l'Eſtime, les bras & les mains ſeront preſque joints, les genoux iront en terre, & toutes les parties du corps marqueront un profond reſpect.

Mais en l'action qui marque la Foi, le corps peut être tout-

à-fait

à-fait incliné, les bras ploiés & joignant le corps, les mains croisées l'une sur l'autre, & toute l'action doit marquer une profonde humilité.

Le Ravissement, ou extase peut faire paroître le corps renversé en arriere, les bras élevés, les mains ouvertes, & toute l'action marquera un transport de joie.

Dans le Mépris & l'Aversion le corps peut se retirer en arriere, les bras dans l'action de repousser l'objet pour lequel on a de l'aversion; ils peuvent se retirer en arriere, & les pieds & les jambes faire la même chose.

Mais en l'Horreur les mouvemens doivent être bien plus

violens que dans l'Averſion, car le corps paroîtra fort retiré de l'objet qui cauſe de l'horreur, les mains ſeront fort ouvertes, & les doigts écartés, les bras fort ſerrés contre le corps, & les jambes dans l'action de courir.

La Fraieur a bien quelque choſe de ces mouvemens, mais ils paroiſſent plus grands, & plus étendus ; car les bras ſe roidiront en avant, les jambes ſeront dans l'action de fuir de toutes leurs forces, & toutes les parties du corps paroîtront dans le déſordre.

Toutes les autres Paſſions peuvent produire des actions au corps ſelon leur nature, mais il y en a qui ne ſont pas preſque ſenſibles, comme l'Amour, l'Eſperance & la Joie ; car ces Paſſions ne produiſent pas de grands mouvemens au corps.

La Triſteſſe ne produit qu'un abattement de cœur, auſſi bien qu'en toutes les autres parties du viſage.

La Crainte peut avoir quelques mouvemens pareils à la Fraieur, quand elle n'eſt cauſée que par l'apprehenſion de perdre quelque choſe, ou qu'il n'arrive quelque mal. Cette paſſion peut donner au corps des mouvemens qui peuvent être marqués par les épaules preſſées, les bras ſerrés contre le corps, les mains de même, les autres parties ramaſſées enſemble, & ploiées comme pour exprimer un tremblement.

Le Déſir peut ſe marquer par les bras étendus vers l'objet que l'on déſire ; tout le corps peut s'incliner de ce côté-là, & toutes les parties paroîtront dans un mouvement incertain & inquiet.

Mais en la Colere tous les mouvemens ſont grands & fort violens, & toutes les parties ſont agitées ; les muſcles doivent être fort apparens, plus gros & enflés qu'à l'ordinaire, les veines tenduës, & les nerfs de même.

Dans le Déſeſpoir toutes les parties du corps ſont preſque

en même état que dans la Colere, mais elles doivent paroître plus désordonnées ; car on peut faire un homme qui s'arrache les cheveux, qui se mord les bras, qui se déchire tout le corps, qui court & se précipite.

Il y auroit encore d'autres choses à remarquer, si nous voulions exprimer toutes les Passions par le menu & dans leurs circonstances : Mais, MESSIEURS, vous agrérez ce petit échantillon du travail que j'ay fait, pour suivre les sentimens de Monseigneur nôtre Protecteur ; & le recevrez comme un travail proportionné à ma santé, & autant que me l'ont pû permettre mes autres occupations. Je ſçai qu'il y a encore un grand nombre de Paſſions que je n'ai point touchées ici, par la crainte que j'ai eu de vous ennuier, & d'abuſer de vôtre patience ; mais lorſque ce ſera à mon tour de parler dans cette Aſſemblée, je tâcherai à vous entretenir de la Phiſionomie, des effets differens qui cauſent les Paſſions ſelon la diverſité des ſujets qui la reçoivent.

FIN.

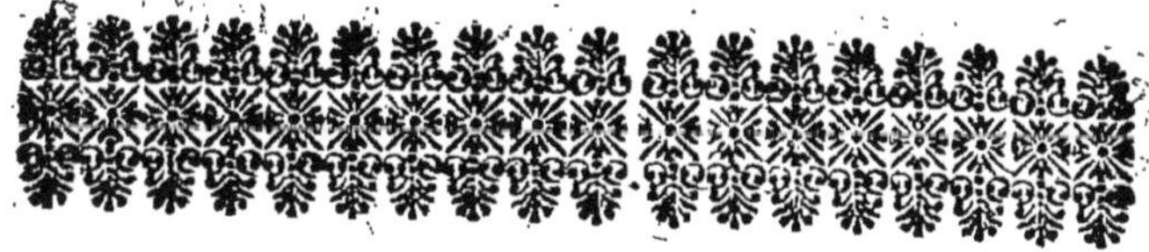

ABREGÉ D'UNE CONFERENCE DE MOMSIEUR LE BRUN, Sur la PHISONOMIE.

LEs ſantimens que quelques naturaliſtes ont écrit de la Phyſionomie, ſont que les affections de l'ame ſuivent le temperamment du corps, & que les marques exterieures ſont des ſignes certains des affections de l'ame que l'on connoiſt en la forme de chaque animal, ſes mœurs & ſa complexion; par exemple, le Lion eſt robuſte bufte & nerveux, auffi il eft fort; le Leopard eft foûple & delicat, il eft fin & trompeur; l'Ours eft fauvage, farouche & terrible, il eft auffi cruel; de forte que les formes exterieures marquant le naturel de chaque animal, les Phifionomiftes difent, que s'il arrive qu'un homme ait quelque partie du corps femblable à celle d'une bête, il faut de cette partie tirer des conjectures de fes inclinations, ce que l'on apelle Phifionomie: que le mot de Phifionomie eft un mot compofé du Grec, qui fignifie regle ou loi de nature, par lesquelles les affections de l'ame ont du raport à la forme du corps: qu'ainfi il y a des fignes fixes & permanens qui font connoître les paffions de l'ame, à fçavoir celles qui refident en la partie fenfitive. Quelques Philofophes ont dit, que l'on peut exercer cette fcience par diffimilitude, c'eft a dire par les contraires, par exemple fi la dureté du poil eft un figne du naturel rude & farouche, la moleffe l'eft d'un qui fera doux & tendre, de même fi la poitrine couverte d'un poil épais eft le figne du naturel chaud & colere, celle qui eft fans poil marque la manfuetude & la douceur.

D'au-

D'autres diſent, que pour ſçavoir quelles ſont les parties ou les ſignes qui marquent les affections des animaux, il faut faire cette diſtinction, les uns ſont propres & les autres ſont communes, les propres ſont particulierés a une ſeule eſpece, les autres conviennent à pluſieurs, comme la lubricité, quoiquelle le ſoit davantage aux boucs, aux ânes & aux pourceaux, les aûtres animaux ne laiſſent pas d'en eſtre auſſi émeus; Donc pour connoître le ſigne propre, il faut conſiderer une ſeule eſpece d'animal, univerſeulement ſujette à une même paſſion, & enſuitte une autre eſpece, en la quelle cette paſſion ne ſe rencontre qu'en particulier, pour exemple du ſigne de la force, il faut conſiderer toutes les eſpeces d'animaux, le Lion, le Taureau, le Cheval, le Sanglier &c. Et ſi le ſigne qui eſt au Lion eſt auſſi aux autres, & que les animaux foibles ne l'ayent pas, il faut reconnoître que c'eſt le ſigne de la force.

Il y en a qui diſent, que le ſigne de la force eſt d'avoir les extrémités grandes comme au Lion, ce qui eſt douteux, puiſque quelques autres animaux, comme le Taureau & le Cheval &c, ne

les

les ont pas grandes, mais fort nerveuſes & bien articulées. Quelques uns diſent que les animaux ont pluſieurs affections, par exemple, le Lion eſt vaillant, fort & colere. Pour diſtinguer le ſigne de valeur, il faut remarquer, ſi les Taureaux & les autres animaux qui ſont forts, ont les deux ſignes, par exemple ſes Lions ont de grandes extremitez & le front élevé, ſi les autres animaux qui ſont forts, n'ont pas le front élevé, il faudra dire par conſequent, que le front élevé eſt le ſigne de la valeur, & les grandes extrémitez le ſigne de la force; Voilà quels ſont les ſantimens des anciens Phiſionomes, leſquels étendent leurs obſervations ſur toutes les parties du corps & même ſur la couleur.

Mais il eſt plus apropos de le reduire à ce qui peut eſtre neceſſaire aux Peintres, car quoi qu'on diſe que le geſte de tout le corps ſoit un des plus conſiderables ſignes, qui marquent la diſpoſition de l'Eſprit, l'on peut néanmoins s'arêter aux ſignes qui ſe rencontrent en la teſte, ſuivant ce que dit Apulée, que l'homme ſe montre tout entier en ſa teſte & qu'à la verité ſi l'homme eſt dit le raçourci du Mon-

Monde entier, la teſte peut bien eſtre dite le racourci de tout ſon corps, que les animaux ſont autant differens dans leurs inclinations, comme les hommes le ſont dans leurs affections. Il faut donc premiérement obſerver les inclinations, que chaque animal a dans ſa propre eſpece, enſuite chercher dans leur Phyſionomie les parties qui marquent ſingulierement certaines affections dominantes, par exemples les pourceaux ſont ſales, lubriques, gourmands & pareſſeux. Or l'on doit remarquer quelle partie marque la gourmandiſe, la lubricité & la pareſſe, parce que quelque homme pourroit avoir des parties reſſemblantes à celle d'un pourceau qui n'auroit pas les autres, & ainſi il faut ſçavoir premierement quelles parties ſont affectées à certaines inclinations. En ſecond lieu la reſſemblance & le raport des parties de la face humaine avec celle des animaux, & enfin reconnoître le ſigne qui change tous les autres, & augmente ou diminuë leur force & leur vertu, ce qui ne ſe peut faire entendre que par demonſtration de figure.

L'on remarque que les Animaux qui ont le nez élevé par deſſus ſont audacieux, que l'audace eſt quand un Animal entreprend témérairement un combat n'ayant pas de force pour le soutenir, d'où vient que ce qui est audace à un mouton est valeur à un Lion; la difference qu'il y a de la face humaine à celles des brutes, est que l'homme a les yeux situez sur une même ligne qui traverse droit au nerf des oreilles, lequel conduit à l'ouye, les animaux Brutes au contraire ont l'œil tirant en bas vers le nez plus ou moins, suivant leurs affections naturelles. Secondement l'homme éléve la prunelle en haut, ce que les animaux ne sçauroient faire sans lever le nez, le mouvement de leur prunelle tournant bien en bas, tant que quelquefois le blanc paroist beaucoup au dessus; mais jamais ils ne les élevent en haut. Troisiémement, les sourcils des animaux ne se rencontrent jamais, & baissent toûjours leurs pointes en bas, mais ceux de l'homme s'approchent au milieu du front & haussent leur pointes du côté du nez.

L'on demontre par un triangle, que les impressions des sentimens des animaux se portent du nez à l'ouye, & de-là au cœur dont la ligne d'en bas vient fermer son angle à celle qui est sur le nez, & que quand cette ligne traverse tout l'œil, & que cel-

le

le d'en bas passe au travers de la geule, cela marque que l'animal est feroce, cruel & carnacier.

Il se fait encore un petit triangle, dont la pointe est au coin exterieur de l'œil, d'où la ligne suivant le trait de la paupiere superieure forme une angle avec celle qui vient du nez, quand la pointe de cet Angle se rencontre vers le front, c'est une marque d'esprit, comme l'on voit aux Elephans, aux Chamaux & aux singes, & si cet angle tombe sur le nez, cela marque la stupidité & l'imbecilité, comme aux Anes & aux Moutons; ce qui est plus ou moins selon que l'angle se rencontre, ou plus haut ou plus bas, & l'on demontre toutes ces choses par des exemples dessinez sur le naturel.

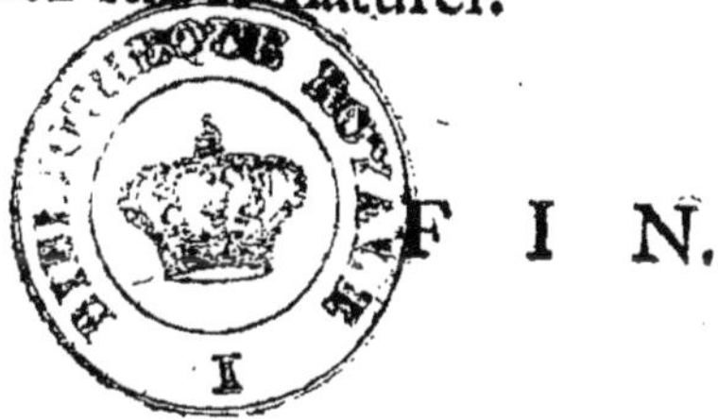

FIN.

www.ingramcontent.com/pod-product-compliance
Ingram Content Group UK Ltd.
Pitfield, Milton Keynes, MK11 3LW, UK
UKHW020250250726
13967UKWH00004B/1599

9 782013 050760